AUMENTAR LA INFLUENCIA DE LAS REDES SOCIALES EN YOUTUBE.

Aumentar la influencia de las redes sociales en YouTube.

Serie "Influencia en los medios sociales"
Por: Aaron Cockman
Versión 1.1 ~Noviembre 2021
Publicado por Sherry Lee en KDP
Copyright ©2021 por Sherry Lee. Todos los derechos reservados.

Ninguna parte de esta publicación puede ser reproducida, distribuida o transmitida en cualquier forma o por cualquier medio, incluyendo fotocopias, grabaciones u otros métodos electrónicos o mecánicos, o por cualquier sistema de almacenamiento o recuperación de información, sin el permiso previo por escrito de los editores, excepto en el caso de citas muy breves incorporadas en reseñas críticas y algunos otros usos no comerciales permitidos por la ley de derechos de autor.

Quedan reservados todos los derechos, incluido el de reproducción total o parcial en cualquier formato.

Toda la información contenida en este libro se ha investigado cuidadosamente y se ha comprobado su exactitud. Sin embargo, el autor y el editor no garantizan, expresa o implícitamente, que la información contenida en este libro sea apropiada para cada individuo, situación o propósito y no asumen ninguna responsabilidad por errores u omisiones.

El lector asume el riesgo y la plena responsabilidad de todas sus acciones. El autor no será responsable de ninguna pérdida o daño, ya sea consecuente, incidental, especial o de otro tipo, que pueda resultar de la información presentada en este libro.

Todas las imágenes son de uso gratuito o han sido adquiridas en sitios de fotografías de stock o libres de derechos para uso comercial. Para la elaboración de este libro me he basado en mis propias observaciones y en muchas fuentes diferentes, y he hecho todo lo posible por comprobar los hechos y dar el crédito que corresponde. Si se utiliza algún material sin la debida autorización, le ruego que se ponga en contacto conmigo para corregir el error.

Aunque el editor y el autor han hecho todo lo posible para garantizar que la información contenida en este libro era correcta en el momento de su publicación y aunque esta publicación está diseñada para proporcionar información precisa en relación con el tema tratado, el editor y el autor no asumen ninguna responsabilidad por los errores, inexactitudes, omisiones o cualquier otra inconsistencia en este documento y por la presente renuncia a cualquier responsabilidad a cualquier parte por cualquier pérdida, daño o interrupción causada por errores u omisiones, ya sea que dichos errores u omisiones resulten de negligencia, accidente o cualquier otra causa.

Esta publicación pretende ser una fuente de información valiosa para el lector, pero no pretende sustituir la asistencia directa de un experto. En caso de que se requiera tal nivel de asistencia, se deben buscar los servicios de un profesional competente.

Contenido

Introducción..8

Capítulo no.1..10

Haz crecer tu canal de YouTube. 10

Capítulo no2...19

Contenido para tener éxito en el crecimiento de un canal de YouTube. 19

- Animales divertidos. 21
- Guías de videojuegos. 21
- Guías y tutoriales. 22
- Comentarios sobre el producto. 22
- Vídeos de cotilleos de famosos. 23
- Vídeos de comedia/sketch. 24
- Viajes de compras / Recogidas. 25
- Vídeos de unboxing. 25
- Vídeos educativos. 26
- Bromas. 27

Capítulo no.3..29

Cómo conseguir suscriptores en YouTube. 29

1. Crear contenidos coherentes. 31

2. Aproveche el tráiler de su canal. 32

3. Pida a sus espectadores que se suscriban directamente. 33

4. La suscripción debe ser lo más sencilla posible. 34

5. Create engaging thumbnails. 34

6. Colaborar con otros creadores 35
7. Crear títulos con capacidad de búsqueda. 36
8. Cree listas de reproducción que se puedan reproducir. 36
9. Comprométase con su público. 37
10. Utiliza otras cuentas de redes sociales para dar a conocer tu canal...38
11. Comparta en qué está trabajando ahora.......................39
12. Cuente una historia..39
Los suscriptores añaden valor a su canal........................40
Capítulo no. 4 42
Las estrellas de YouTube son más influyentes....................42
que otras celebridades tradicionales. 42
1. Las estrellas de YouTube son mejores para desarrollar relaciones..44
2. Las estrellas de YouTube impulsan un mayor compromiso. 44
3. Las personalidades de YouTube marcan tendencias y dan forma a la cultura pop. 45
4. Las estrellas de YouTube son maestros en la construcción de marcas..46
5. Las estrellas de YouTube son pioneras. 47
Por qué las estrellas de YouTube son más influyentes que las celebridades tradicionales. 47
Capítulo no.5 51
Más visitas en YouTube de forma gratuita. 51
Obtenga vistas de los resultados de búsqueda orgánica de YouTube. 52

Aumente las visitas con su contenido de vídeo. 55

- **Contenidos que educan, entretienen o ambos.**........55

Generación de visitas desde la plataforma YouTube.................57

Recuerde ser paciente. 65

Capítulo no. 6...66

El impacto de YouTube en nuestra sociedad. 66

El efecto excelente o perjudicial de YouTube:..........................68

Capítulo no.7..71

Promociona tu canal de YouTube para conseguir más visitas. ...71

Aumente la eficacia de su estrategia en YouTube. 71

Consejos para promocionar tu canal de YouTube. 72

Cree títulos cautivadores e imprescindibles. 72

Haz que tus películas sean más visibles optimizándolas. 73

Determine qué desea su público objetivo. 74

Hazte miembro de la comunidad en YouTube..........................75

Haz que tus miniaturas sean únicas..76

Promoción cruzada de tus propios vídeos de YouTube. 77

Resultados de búsqueda en Google a los que quieres dirigirte. 78

Organiza un concurso o un sorteo. 78

- Anime a otros a ver su programa..79
- Para organizar tus vídeos de YouTube, haz listas de reproducción..80

Colaborar con otros artistas y empresas. 82

Por un cargo, haz una campaña de marketing en YouTube. 82

Comparte tus vídeos de YouTube en las redes sociales con regularidad..84

Por qué usar YouTube?..85
Conclusión: 88

Introducción.

YouTube es una plataforma de medios sociales infrautilizada pero atractiva de la que seguro que has oído hablar. Como una de las plataformas de medios sociales más destacadas del mundo en la actualidad, YouTube cuenta con una gran cantidad de contenido en línea sobre una amplia gama de temas. Superó los 4.000 millones de visualizaciones diarias en 2012. (contando 30 segundos para una vista frente a los 3 segundos de Facebook). Para búsquedas específicas, Google opta por mostrar los resultados de YouTube en los resultados de búsqueda. En lo que respecta a las búsquedas en línea, ¿sabías que YouTube es ahora el segundo más popular? Dada la barrera de entrada más significativa que se requiere para que las empresas generen contenido de vídeo de primera calidad, la sólida plataforma de mil millones de usuarios puede ser una fuente de exposición corporativa sustancial. Los vídeos de YouTube tienen mucho peso en las redes sociales y son un excelente complemento para toda tu campaña de marketing. Según el análisis de Mark Fidelman, YouTube es el medio de comunicación social más rentable para realizar campañas regulares de marketing de influencers. Algunas de las iniciativas de influencers de su empresa, que comenzaron hace tres años, siguen dando sus frutos. Como YouTuber, habrás aprendido que el camino para aumentar la interacción con la audiencia no siempre es sencillo. Los puntos de vista no son más que un truco que ofrece una solución rápida.

Además, el algoritmo de YouTube no parece dar una consideración especial a los vídeos en línea con un gran número de vistas, lo que va en contra de la estrategia estándar de los medios de comunicación. En su lugar, tiene en cuenta el "tiempo de sesión" de un usuario (no disponible para los usuarios). Como resultado, debes atraer al visitante para que se quede más tiempo en tu vídeo online y conecte contigo en los comentarios. ¿No le parece mucho pedir a su público objetivo? Permítame ayudarle a hacer un mejor uso de la plataforma del sitio de medios en este libro. También te ayudará a reforzar tu plan de marketing en redes sociales y a aumentar tus índices de participación en YouTube.

Capítulo no.1

Haz crecer tu canal de YouTube.

Nadie puede negar el auge del video marketing como estrategia empresarial en los últimos años. Aunque sitios famosos como Tok-Tok, Facebook e Instagram, así como su sitio web, son lugares excelentes en los que invertir, tener un canal de YouTube puede ser la mejor manera de comercializar su empresa, ya que mil millones de personas ven vídeos en la red cada día. YouTube, apodado el "segundo motor de búsqueda más grande del mundo", puede ayudar a la gente a encontrar su material rápidamente y a comprometerse con él, siempre que conozca algunas estrategias y comprenda los fundamentos de la generación de vídeos creativos. Con estos diez consejos, puedes aumentar el tamaño de tu audiencia en YouTube.

1. Crear vídeos basados en una sola palabra clave o tema.

La estrategia más sencilla para atraer tráfico y aumentar el número de seguidores en YouTube es centrar el vídeo en un tema o palabra clave específicos. Los profesionales del marketing que no están familiarizados con el SEO pueden pasar por alto esta fase del proceso de clasificación de vídeos. Aun así, es fundamental incluir tus vídeos para llegar al mayor número de personas posible. Para localizar las palabras clave más populares en tu campo, utiliza una herramienta de palabras clave como KeywordTool.io, diseñada específicamente para YouTube. Elegir la palabra clave antes de crear el contenido del vídeo es fundamental porque te ayudará a crear el material más excelente posible en torno a ese tema. La función de subtitulado de YouTube puede mejorarse si te acuerdas de incluir tu palabra clave de forma orgánica en tu material de vídeo. Una vez que hayas elegido una palabra clave, asegúrate de que el título y la descripción estén optimizados mirando los vídeos más populares sobre ese tema. Si haces esto, conseguirás mucho más tráfico desde el SEO de YouTube.

2. Reutilizar el contenido de alto rendimiento que ya existe.

Por supuesto, crear y distribuir material excelente es un método magnífico para ampliar tu canal de YouTube. No siempre es esencial empezar desde cero cuando se trata de hacer este tipo de cosas. Para hacer grandes películas, necesitas tener una abundancia de información que sea interesante, beneficiosa para tu audiencia y procesable. Durante la epidemia de COVID-19, los usuarios vieron 4.000 millones de horas de vídeos de "instrucciones" en un solo año, lo que supone una gran cantidad de tiempo invertido en YouTube. Por ello, crear contenidos que resuelvan problemas a tu audiencia es un excelente método para aumentar el tráfico. Realiza una auditoría de contenidos para identificar los blogs, las guías y otras piezas de alto rendimiento que ya tienes y piensa en cómo podrías reconvertirlos en vídeos relevantes y atractivos. Recuerda que los vídeos más populares de YouTube suelen durar entre uno y cinco minutos, así que no te sientas obligado a construir una película o escribir una novela. Sé breve y ve al grano.

3. Comprométase con su público.

Una plataforma que necesita la interacción con otros miembros. Si te limitas a publicar vídeos y no fomentas el debate, estás perdiendo una gran oportunidad.

Contiene la cantidad de tiempo que se pasa en el canal, el número de visualizaciones, el número de comentarios y la cantidad que se pasa viendo el canal. Así que, si es posible, responda a todos los comentarios que reciba e inste a los usuarios a interactuar mediante sugerencias audiovisuales. También puedes relacionarte con otros canales, que pueden ser de una empresa similar a la tuya o simplemente de una que admiras. No confíes siempre en que la audiencia inicie la conversación. Involucrar a tu audiencia puede ser tan sencillo como hacerles preguntas sobre el material o tan complejo como preguntarles qué tipo de contenido les gusta ver en tu canal o qué les gustaría ver más. Además, recuerda agradecer a todos los que han compartido tu contenido en YouTube y otras plataformas. Para realizar un seguimiento de las métricas de participación cruciales en YouTube, considera la posibilidad de emplear un panel de distribución de contenido social y de participación.

4. Conseguir la marca.

Así que, aunque tu contenido sea de primera categoría, ¿la estética de tu canal atrae a los espectadores? Si quieres que la gente se suscriba a tu canal de YouTube, debes parecer profesional. Mejorar la marca social de tu empresa ayudará a los usuarios a reconocer tu contenido más rápidamente. Si tienes un blog o un sitio web, es de suponer que ya tienes un aspecto que te diferencia de otras personas y empresas. Así que es natural que extiendas esa identidad a tu canal de YouTube. Este es un ejemplo de Nintendo, que tiene 8,12 millones de suscriptores y ofrece un excelente contenido sobre juegos y consolas, incluyendo breves vídeos de jugabilidad y vídeos entre bastidores. Además de la marca visual, no olvides incluir URLs personalizadas en la cabecera de tu canal y crear una biografía atractiva sobre ti y tus vídeos.

5. Otros canales pueden ayudarte a promocionar tu vídeo en YouTube.

La capacidad de promover información en varias plataformas de medios sociales es una de las características más delicadas de los medios sociales. Promociona tus vídeos de YouTube en todas tus cuentas de redes sociales para conseguir más seguidores. Según el informe Digital 2021: Global Overview Report, existe un importante solapamiento de usuarios en las plataformas de medios sociales. YouTube tiene el mayor compromiso de todos los canales principales, con más del 90%. Es una fuerza fuerte en términos de marketing y compromiso.

6. Solapamientos de usuarios de las redes sociales.

Entonces, ¿qué canales estás viendo? ¿Facebook, LinkedIn, Instagram y TikTok, por nombrar algunos? Hay muchos para elegir, así como un montón de ideas únicas para vídeos en redes sociales. Si quieres difundir los vídeos directamente en un canal, una buena solución puede ser una vista previa del vídeo completo en YouTube (como en Facebook). No olvides publicar tus vídeos en tu blog. También es posible utilizar tu canal de YouTube junto con tu podcast.

7. Preséntese y destaque.

Puede ser increíblemente ventajoso personalizar tu canal de YouTube participando en los vídeos si lo diriges tú solo o como parte de una pequeña empresa. Poner un rostro a una marca hace que los consumidores se identifiquen más fácilmente con usted como individuo. Esto es una buena noticia para los vloggers, los entrenadores de fitness, de vida y de negocios, y los empresarios en solitario. No es necesario que tu cara aparezca en todos los vídeos que hagas, pero debe aparecer con la suficiente frecuencia para atraer a tu audiencia. Si eres este tipo de YouTuber, también deberías utilizar una foto tuya en tu canal (no tu logo).

8. **Publica grandes miniaturas y aprovecha las tarjetas de YouTube.**

A pesar de su pequeño tamaño, las miniaturas pueden tener un impacto considerable. YouTube utiliza las miniaturas en su barra lateral para promocionar otros vídeos; como resultado, querrás que la tuya sea distintiva. Las búsquedas en YouTube no son diferentes. Los vídeos con un título cautivador y una miniatura atractiva tienden a clasificarse mejor, incluso si el material no es tan importante, porque obtienen más clics (CTR).

Utiliza métodos como los puntos resaltados, las flechas, el texto colosal y las imágenes l impresionantes o llamativas para conseguir que tu CTR esté donde tiene que estar. Todos sabemos que YouTube premia a los canales que mantienen a sus visitantes en sus páginas durante más tiempo. La gente está más comprometida con tu material si lo ven durante más tiempo. (Puedes utilizar las estadísticas de YouTube para controlar el tiempo que la gente pasa viendo tus vídeos). Puedes incorporar enlaces a otros vídeos o material similar en el punto exacto en el que los consumidores abandonan la página utilizando tarjetas de YouTube. Puedes utilizar varios tipos de tarjetas, como una lista de reproducción, una encuesta o una contribución, y puedes utilizar hasta cinco tarjetas para cada vídeo, que aparecen como un cuadro rectangular o un teaser en la esquina derecha del vídeo. Los usuarios pueden abandonar el vídeo que están viendo, pero serán conducidos a tus otros contenidos, lo que los mantendrá en tu canal y te ayudará a subir de posición.

9. Empuje para las suscripciones.

En cuanto alguien se suscribe a tu canal, sabes que está interesado en lo que tienes que decir. Mantén el contacto con tus suscriptores y con los que ya lo han hecho en cada vídeo que publiques en tu canal. A través de este enlace, puedes ver la lista de tus suscriptores. Los clientes suscriptores no deben ser comprados. Como estrategia a largo plazo, esto disminuirá su compromiso y reducirá la fiabilidad de su perfil. Recuerda que si no instas a tus visitantes a suscribirse, puedes perder muchos seguidores potenciales. Es probable que el tiempo de visualización de YouTube crezca como resultado de tener un número más significativo de suscriptores.

10. Aumente la frecuencia de las subidas.

Puede parecer desalentador al principio, pero aumentar la frecuencia de publicación a al menos un vídeo cada semana puede ayudarle a desarrollar su audiencia. No te preocupes, no necesitarás los servicios de una empresa de diseño o de una gran agencia de publicidad para llevar a cabo esta tarea. Los teléfonos inteligentes de hoy en día tienen fantásticas capacidades de grabación de vídeo, y aplicaciones como Animoto hacen que la edición de vídeo sea sencilla, lo que le permite crear contenido de vídeo con un presupuesto. No se puede exagerar la importancia de la coherencia. Mantén a tus seguidores informados de cuándo se publicarán nuevos vídeos publicándolos a la misma hora cada día o semana. Después, mantén tu plan.

11. Conviértete en un experto en vídeo social (y YouTube).

El vídeo como formato de contenido sigue creciendo en popularidad. Según el informe "The State of Video Marketing", el 86% de las empresas utilizan el vídeo como estrategia de marketing, y el 87% de los profesionales del marketing informan de un retorno positivo de la inversión. Los profesionales del marketing deben comprender la función del vídeo y cómo utilizarlo con éxito en todos los canales de las redes sociales a medida que los consumidores se vuelven más visuales y plataformas como Tok-to aumentan su popularidad. Con el curso acreditado de medios sociales y marketing de DMI aprenderás a crear y gestionar con éxito un canal de YouTube, así como a crear tácticas para que tu canal destaque entre los demás. También aprenderás a integrar el vídeo en tu combinación de contenidos en todas las plataformas, a hacer crecer tus seguidores en línea y a aprovechar la publicidad y los análisis para crear campañas visuales atractivas.

Capítulo no2.

Contenido para tener éxito en el crecimiento de un canal de YouTube.

La popularidad de YouTube se ha disparado en los últimos años. Nadie podía imaginar la importancia que tendría YouTube cuando se lanzó en 2005 con Me at the Zoo. 18 meses después de que el cofundador de YouTube, Chad Hurley, emitiera globalmente su viaje al zoo, Google anunció que compraría el sitio por 1.650 millones de dólares. El poder y la influencia de YouTube han aumentado a una velocidad vertiginosa desde entonces. Incluso es el segundo motor de búsqueda del mundo, después de Google. Algunas cifras son alucinantes:

1. 1.325.000.000 de personas utilizan YouTube.

2. Cada minuto se publican 300 horas de vídeos en YouTube.

3. Cada día se ven 4.950.000.000 de vídeos en YouTube.

4. Cada día se ven 1.000.000.000 de vídeos en YouTube para móviles.

En 2016, Google encargó una encuesta para conocer los hábitos de visualización más recientes de YouTube. A continuación se exponen algunos de los aspectos más destacados de la encuesta. 6 de cada 10 personas prefieren las plataformas de vídeo online a la televisión en directo. Ocho de cada diez personas de 18 a 49 años ven YouTube cada mes. YouTube llega a más personas de 18 a 49 años a través de los móviles que cualquier cadena de televisión por cable o de difusión.

En 2017, Google se centró en los usuarios que veían YouTube en sus televisores. Los aspectos más destacados de la investigación son los siguientes. La mayoría de la gente prefiere ver vídeos en línea antes que en la televisión. Ocho de cada diez personas de 18 a 49 años ven YouTube cada mes. YouTube llega a más personas de 18 a 49 años a través del móvil que cualquier cadena de televisión de difusión o de cable. En 2017, Google se centró en los usuarios que veían YouTube en sus televisores. Los aspectos más destacados de la investigación son los siguientes. Para muchas personas, YouTube tiene un solo propósito: ver vídeos musicales de forma rápida y sencilla. Sin embargo, los vídeos musicales no se pueden pasar por alto, ¡porque hay muchos! "See You Again", de Wiz Khalifa con Charlie Puth, tiene 2.916 millones de visitas en YouTube, según la lista de Wikipedia de los vídeos más vistos de YouTube, y ha superado recientemente al que fue durante mucho tiempo el rey de YouTube, "Gangnam Style". Los vídeos musicales representan 77 de los 80 primeros vídeos de la lista. Sin embargo, YouTube es mucho más que un lugar para ver vídeos musicales. Los vídeos musicales oficiales ofrecen unas posibilidades mínimas para la promoción de influencers desde el punto de vista del marketing de influencers. Sin embargo, hay otras formas de vídeos que ofrecen perspectivas más considerables para los profesionales del marketing.

- **Animales divertidos.**

Es imposible no toparse con criaturas divertidas en Internet; los feeds de Facebook, en particular, parecen rebosar de ellas a veces. Los vídeos de gatos no son tan populares este año, pero a la gente le sigue gustando ver a simpáticos animales en acción. Simons Cat es un ejemplo de un popular canal de YouTube dedicado a vídeos divertidos de animales, tanto reales como animados. Hay, por supuesto, varios canales de animales graves, como los de National Geographic protagonizados por Sir David Attenborough.

- **Guías de videojuegos.**

Aunque PewDiePie, el YouTuber más popular del mundo, reina en este tipo de vídeos, no hemos podido resistirnos a incluirlo en nuestra selección. Hay millones de canales de YouTube dedicados a los videojuegos desde que los chicos jóvenes (los jugadores más habituales) fueron los primeros en encontrar el sitio. Los 1.000 canales de YouTube más importantes de Minecraft pueden encontrarse en un sitio web dedicado únicamente a la omnipresencia del juego. Es habitual que los jugadores graben un vídeo de recorrido en el que juegan a todo un videojuego mientras comentan sus progresos. Una de las razones de la popularidad de Minecraft es que los cineastas utilizan la capacidad del juego para ser modificado fácilmente en sus películas, en las que a menudo interpretan a personajes personalizados. Puede haber mucho compromiso e incluso sesiones de juego en directo entre los realizadores de vídeos de juegos y sus espectadores.

- **Guías y tutoriales.**

Visual (viendo), auditivo (oyendo) y cinestésico (moviéndose) son los tres tipos de estilos de aprendizaje (haciendo). Todo el mundo aprende con una mezcla de estos enfoques, pero la mayoría de la gente prefiere un método sobre los otros. En sus aulas, los buenos profesores intentan utilizar una combinación de las tres estrategias. Aunque enseñar cinestésicamente a través de un vídeo siempre será difícil, es el medio ideal para quienes disfrutan de las experiencias de aprendizaje visuales y auditivas. Los más cinestésicos pueden beneficiarse de un vídeo bien estructurado que les empuje a trabajar junto a la presentación. Hay tantos vídeos de instrucciones en YouTube que seguro que descubres algo que te ayude con casi cualquier tarea. Estos vídeos tienen la virtud de no tener edad; la única razón por la que un vídeo quedaría obsoleto es si la propia actividad cambia o se vuelve obsoleta.

- **Comentarios sobre el producto.**

Internet se ha convertido en una fuente de información evidente para muchas personas cuando contemplan la posibilidad de comprar algo. Cuando les interesan los artículos, quieren saber lo que otras personas piensan de ellos. En este sentido, YouTube se parece mucho a cualquier otro medio de comunicación social. Para ver lo que otros tienen que decir, los individuos sintonizan los canales de las personas que conocen y en las que confían.

Según las encuestas, los clientes están más interesados en comprar un producto si leen una reseña positiva en Internet. Hay una gran variedad de productos que pueden beneficiarse del uso de YouTube, pero todo depende de lo que se intente promocionar. No importa si se trata de cosméticos, un vehículo o un nuevo artilugio de cocina; es más probable que la gente conecte con una reseña si puede ver el producto en acción.

- **Vídeos de cotilleos de famosos.**

La fascinación de la gente por los cotilleos de los famosos no es nada nuevo; los periódicos se han nutrido de ellos durante años, e incluso los canales de televisión por cable se dedican a ello. No es de extrañar, pues, que la gente acuda en masa a YouTube para conseguir su dosis de cotilleo de famosos. Por supuesto, muchas de estas películas siguen pareciendo sacadas directamente de los periódicos.

- **Vlogs.**

Weblog, la abreviatura natural de "weblog", se denomina ahora a menudo "blog", aunque el término se utilizó inicialmente para describir un diario de las actividades diarias de una persona. Muchas personas escriben sobre su desayuno diario y lo que han conseguido el día anterior, aunque los blogs se han desarrollado desde entonces. Hay algunas similitudes entre los vlogs y los blogs, pero no son la misma idea. Por decirlo de otro modo, son como ver una película de tu antiguo diario. Por ello, el material suele ser más atractivo, ya que están en YouTube y no en un diario escondido bajo la cama. El discurso sin guión y la apariencia de un vistazo honesto a la mente del vlogger son características del vlogging. Prefieren especializarse en un solo campo de conocimiento. En la comunidad de YouTube, los vlogs se comparan a veces con la telerrealidad. Te ofrecen un vistazo a la rutina diaria del YouTuber (o al menos todo lo que está dispuesto a revelar). Muchos canales de vlogs tienen un gran número de seguidores, como el de la telerrealidad, que tiene muchos espectadores.

- **Vídeos de comedia/sketch.**

Muchas personas utilizan el humor y los sketches para mantener a sus espectadores entretenidos. Con tantos vídeos de humor accesibles en Internet, es probable que encuentres a alguien que comparta tu sentido del humor. Entre los vídeos más compartidos en Facebook y otras plataformas de redes sociales se encuentran estos divertidísimos clips. Hay muchas posibilidades de que este sabor se convierta en una sensación viral. Un gran número de canales de comedia de YouTube tienen más seguidores que muchos programas de comedia de las cadenas de televisión.

- **Viajes de compras / Recogidas.**

Ver a otras personas comprar cosas que sólo pueden soñar tener es el pasatiempo favorito de muchas mujeres. Cuando se trata de comprar zapatos, ¿hay algo mejor que ver a otra persona pasar por el proceso agonizante? Se llaman haul films porque siguen a individuos mientras compran determinadas cosas. Los canales de belleza, moda y estilo de vida son los lugares más comunes para descubrir estas películas. Las empresas interesadas en el marketing de influencers pueden aprovechar estos vídeos siempre que los artículos que se compran coincidan con el tipo de productos que la audiencia del canal ama y desea.

- **Vídeos de unboxing.**

Los vídeos de desembalaje son un fenómeno del siglo XXI. No es de extrañar que a mucha gente le guste ver cómo otra persona desempaqueta algo nuevo. Son tanto películas de compras como de revisión de productos, pero en realidad están a medio camino entre las dos. Desenvolver los regalos y descubrir lo que contienen estas películas es como la emoción de la mañana de Navidad para un niño. Si alguna vez ha visto un vídeo de unboxing, sabrá lo emocionante que es ver por primera vez lo que hay dentro de un regalo. Para las empresas, los vídeos de unboxing pueden ser una poderosa herramienta para influir en las decisiones de compra de los consumidores y una lucrativa fuente de ingresos. Al igual que otras áreas del marketing de influencers, ésta es muy prometedora.

- **Vídeos educativos.**

En esta página hemos separado los vídeos instructivos de las instrucciones de uso, aunque también pueden educar. Es posible distinguir los dos grupos por su tamaño. TED y National Geographic son dos de los canales más conocidos vinculados a grandes organizaciones oficiales que ofrecen su material. Las películas educativas aparecen en los sitios web de empresas de todos los tamaños y sectores. El segundo tipo de canal de vídeos educativos está orientado a los niños en edad preescolar y primaria. Su objetivo es ofrecer vídeos sugerentes e intrigantes para su público juvenil. Otro género que se puede clasificar como evergreen, ya que muchos de estos vídeos atraen a nuevos espectadores y vuelven repetidamente. Se "descomponen" cuando su valor educativo deja de ser relevante.

- **Parodias.**

La popularidad de las parodias en YouTube las convierte en una categoría aparte de otros vídeos cómicos. Algunos canales de vídeos de parodia son más populares y hábiles que otros. Las parodias de vídeos musicales de algunos de los mejores suelen tener un aspecto bastante pulido. Al hacer vídeos de parodia, la línea entre uno exitoso y uno que no resuena con el espectador puede ser diminuta.

- **Bromas.**

Hace una década, Jackass convirtió a Johnny Knoxville en una marca familiar, lo que en muchos sentidos allanó la puerta a todos los vídeos de bromas de YouTube. Su popularidad es innegable tanto en YouTube como en Facebook y otras redes sociales. Estos vídeos muestran bromas a amigos, familiares y miembros del público en general. Cuando se trata de convertir a los individuos en estrellas de las redes sociales, estas películas son una gran opción. Las series de vídeos en las que unos individuos gastan bromas a otros, para vengarse en el siguiente vídeo, son cada vez más habituales. Hay vídeos de bromas tanto para hombres como para mujeres. Las creencias de los bromistas y las de las marcas con las que trabajan no siempre son compatibles, por lo que es esencial asegurarse de que están en la misma página.

Capítulo no.3

Cómo conseguir suscriptores en YouTube.

Por qué es esencial tener suscriptores en YouTube?

Considera tu canal de YouTube como tu club y tus suscriptores como tus fans. Los suscriptores son tus ardientes seguidores que han levantado la mano para indicar que quieren más de tu contenido y que éste les resuena. También han declarado que no quieren perderse ni un solo vídeo para recibir notificaciones. El ejemplo de Mean Girls muestra cómo tener seguidores aumenta la credibilidad social. Cuanto mayor sea tu número de suscriptores, más poderoso parecerás y más deseable será tu canal para nuevos y potenciales suscriptores. También hay puntos de referencia de suscriptores que debes cumplir para mejorar tus capacidades en YouTube. Por ejemplo, si consigues 100 suscriptores, puedes diseñar una URL personalizada para tu canal. Si llegas a los 1.000 suscriptores, habrás cumplido uno de los requisitos del Programa de Socios de YouTube.

Además, el algoritmo de YouTube valora mucho el compromiso, y los suscriptores que se relacionan contigo como creador tienen más probabilidades de comprometerse contigo. Serán los primeros en ver tu nuevo material, son más propensos a comentar (en teoría) y es más probable que lo compartan con amigos que tengan intereses similares. Cuantas más personas se comprometan con tu material, más considerará YouTube que se trata de un vídeo de confianza y lo situará en la parte superior de los resultados de búsqueda, lo que facilitará que los nuevos espectadores encuentren tu canal.

Otra ventaja de participar en el programa de socios es la posibilidad de ganar dinero. Tener 1.000 suscriptores y 4.000 horas de visionado en tu canal te da derecho a empezar a ganar dinero con los anuncios en pantalla, superpuestos y en vídeo. La cosa no acaba ahí: con 1.000 suscriptores, puedes empezar a vender membresías del canal, y con 10.000 suscriptores, puedes empezar a vender productos de marca a tus seguidores en tus páginas de vigilancia. Veamos cómo aumentar tu base de suscriptores de forma orgánica para cosechar los beneficios de tu audiencia ahora que sabes por qué los suscriptores son vitales.

1. Crear contenidos coherentes.

La constancia es fundamental para que un canal de YouTube tenga éxito. Cuando el cable era la única opción, los fans se empeñaban en programar un tiempo en sus agendas para ver un programa cuando se emitía. Podían predecir cuándo se emitiría el siguiente episodio e invertir en la programación porque se emitía continuamente. En otras palabras, la televisión en red proporcionaba una fuente constante de entretenimiento para aquellos que sintonizaban semana tras semana para ver sus programas favoritos. ¿Y qué ocurre si una serie termina repentinamente o si la cadena decide no renovarla? Cuando se canceló El Círculo Secreto de la CW después de la primera temporada, recuerdo que me sentí engañada porque los cliffhangers que me dejaron nunca se resolvieron. Los fans de los creadores de YouTube sienten una devoción similar. Si publicas constantemente contenidos de alta calidad, ofrecerás a los posibles nuevos suscriptores una razón para suscribirse. Ofrece a los consumidores un propósito para dedicar su valioso tiempo a tu material porque saben cuándo vas a publicar algo nuevo. Acculevel, una empresa de reparación de cimientos con sede en Rossville, Indiana, hace un trabajo fantástico al informar a la gente de que está publicando constantemente justo en el banner de su canal. Para no perderse un nuevo vídeo de ellos cada jueves, echa un vistazo al banner de su canal si aún no estás suscrito a él (visto arriba).

2. Aproveche el tráiler de su canal.

Un tráiler de canal es un vídeo destacado que aparece en la página de inicio de tu canal de YouTube. Funciona de forma parecida al tráiler de una película, ya que permite que la gente sepa más sobre ti. El teaser también sirve para informar a los posibles visitantes sobre cuándo se publicarán nuevos vídeos y por qué deberían suscribirse. El bufete de abogados Grossman, cliente de IMPACT, utiliza el tráiler de este canal para animar a los visitantes a suscribirse para recibir material nuevo. Este tráiler, que se puede ver en su canal de California Probate and Trust Litigation, hace un excelente trabajo al establecer las expectativas para los tipos de personas interesadas en este tipo de contenido. Scott menciona las áreas de la ley que discuten en sus películas, el estado real al que se aplica, el hecho de que generan nueva información regularmente. Anima a quien vea este vídeo a suscribirse al canal. Corto y dulce, este vídeo hace un excelente trabajo para establecer expectativas razonables para el público objetivo del canal y convencerles de que hagan clic en el botón "Suscribir".

3. Pida a sus espectadores que se suscriban directamente.

Aunque pueda sonar a cliché, animar a tu audiencia a que le guste y se suscriba directamente es una técnica sencilla y exitosa para aumentar tus suscriptores en YouTube. Comparte lo mucho que significa para ti su interacción como creativo para ser humano y auténtico.

Algunos artistas lo hacen al final del vídeo, mientras que La-Z-Boy de Ottawa y Kingston en Canadá, un cliente anterior de IMPACT, ha empezado a pedir a los espectadores que se suscriban en el medio. Su propuesta de suscripción se encuentra en el minuto 1:58 del ejemplo siguiente. No sólo animan a los espectadores a suscribirse para obtener contenido adicional, sino que también incluyen un gráfico para subrayar la pregunta visualmente. Al tratarse de un establecimiento de venta al por menor en el que muchos consumidores ven los muebles antes de comprarlos, Dave, el presentador ante la cámara, hace un excelente trabajo al instar a los espectadores a visitar la tienda y "saludarle" para que pueda ayudarles en sus necesidades de compra de muebles. PD: ¡Las apariciones de Dave en el canal de YouTube le han valido el reconocimiento de la tienda! #Superestrella.

4. La suscripción debe ser lo más sencilla posible.

Haz que sea lo más sencillo posible que los espectadores se suscriban a tu vídeo mientras lo están viendo. Incluye anotaciones a lo largo del vídeo que permitan a los espectadores suscribirse haciendo clic en un botón. VidIQ, una herramienta para aumentar tu presencia en YouTube, hace un excelente trabajo en este sentido. En la siguiente captura de pantalla verás que hay un botón que, al pasar por encima, permite a la persona suscribirse. Asegúrate de animar verbalmente a la gente a suscribirse a tu canal, además de publicar anotaciones a lo largo de tu vídeo. Un enfoque más personal para conectar con tu audiencia y animarla a suscribirse a tu boletín de noticias es emplear este método. Asegúrate de ofrecer a tus lectores algunas opciones para suscribirse si no están preparados cuando se lo pides por primera vez.

5. Create engaging thumbnails.

Aunque este consejo no parezca tan obvio como los demás, ten en cuenta esto: Para que las otras sugerencias funcionen, primero debe conseguir que la gente se fije en su material. Después de que un espectador potencial escriba una búsqueda, pulse Intro y aparezcan los resultados, la miniatura forma parte de la primera impresión visual que ven. En la miniatura es donde te distingues de los demás resultados de la búsqueda y te ganas la atención del usuario. La miniatura y el título de este vídeo son idénticos, lo que indica al espectador que este vídeo trata realmente del tema que está buscando. La miniatura también muestra la cara alegre del presentador, vestido con un traje profesional de HVAC, lo que indica que esta persona sabe de lo que habla. Lo hacen intuitivo y sencillo de ver si estás buscando información sobre este tema, y si estás haciendo los vídeos de alta calidad que deberías hacer, tendrás muchas más posibilidades de ganar suscriptores.

6. Colaborar con otros creadores

En YouTube, seguro que hay empresas con una audiencia similar a la tuya. Es posible que a sus admiradores también les guste tu material. Colaborar con estos creadores es un método fantástico para llegar a nuevas personas y ganar nuevos suscriptores. Echemos un vistazo a otro escenario. Para los músicos, YouTube es enorme, y Boyce Avenue lleva mucho tiempo ahí. Interpretan canciones originales y colaboraciones con otros músicos de YouTube, como con Jennel García a continuación. El mismo vídeo puede verse en la página de García, así que si el público de Jennel no conocía antes a Boyce Avenue, ahora sí. Desgraciadamente, no soy músico, así que no puedo imaginarme lo que es tocar con otro músico. Aun así, si viera que un artista al que sigo trabaja con otra persona, probablemente iría a su canal, lo escucharía y posiblemente lo añadiría a mi lista de canales a los que suscribirme. Es como si tu mejor amigo te recomendara un nuevo programa para ver o una cadena extensa decidiera realizar un crossover de series para promocionar otro programa en su cadena. Lo mismo ocurre con las empresas. Si realizas una entrevista en el canal de otro experto del sector, te pondrás delante de su audiencia, que sin duda incluirá a muchas personas que nunca antes habían oído hablar de ti. Es posible que se sientan más tentados a consultar tu canal e incluso a suscribirse después de haberte conocido.

7. Crear títulos con capacidad de búsqueda.

El título de la película, al igual que su miniatura, es bastante esencial. Un buen título marca el tono del vídeo, no sólo por lo que trata sino también por lo que va a conseguir, y anima a la gente a hacer clic y verlo. Cuando un creador demuestra que comprende la intención de búsqueda del usuario, significa un conocimiento más profundo de los deseos de la audiencia y de lo que busca. Para llegar al fondo del porqué habrá que profundizar un poco más. Establece la confianza y demuestra que eres un recurso digno de confianza al que vale la pena suscribirse si tienen más dudas.

8. Cree listas de reproducción que se puedan reproducir.

Estoy organizando mi boda. Nunca he planeado una boda antes, así que ¿cómo voy a saber por dónde empezar? Entra en la lista de reproducción "Por dónde empezar con la planificación de tu boda" de Bluebird Bride Academy. Lauren habla de cómo ha organizado muchas bodas antes, y está aquí para ayudar en el primer vídeo, que inmediatamente me tranquiliza como principiante en la planificación de bodas.

Comienza con lo básico y luego pasa a plantear preguntas más específicas a los posibles lugares de celebración en el siguiente vídeo. Me guió por todo lo que necesitaba saber, haciendo que el proceso pareciera menos desalentador y manteniéndome en el camino. Es comprensible que esta novia se suscribiera rápidamente a este canal y dirigiera cualquier consulta que tuviera a Lauren. No soy la única, a juzgar por sus más de 5.000 suscriptores. Las listas de reproducción te proporcionan la mejor oportunidad de atraer a nuevos suscriptores, ya que demuestran que tu material es coherente y les dirigen a un viaje a largo plazo. Para mantener el interés de la gente, hay que incluir un objetivo o proceso a largo plazo en la lista de reproducción.

9. Comprométase con su público.

Las empresas tienen una oportunidad única de relacionarse y conectar con sus seguidores y compradores a través de las redes sociales. Y, dado que el 57% de los consumidores cree que una conexión humana mejorará la fidelidad a la marca y el 58% cree que una conexión humana aumentará la probabilidad de una compra, cultivar esa relación con tu audiencia es crucial. Plantear una pregunta en uno de tus vídeos y colocarla en la parte superior del hilo como creador es un enfoque excelente para mostrar a los suscriptores potenciales que eres activo en la comunidad de YouTube. Publicar un comentario y fijarlo en la parte superior de la página no sólo demuestra que te has comprometido con la plataforma, sino que también fomenta el debate sobre el tema del vídeo. Sigue los canales de tus fans más devotos, además de reaccionar a sus comentarios. Quién sabe, tal vez uno de tus visitantes pueda dejar una magnífica sugerencia para un futuro vídeo en los comentarios!

10. Utiliza otras cuentas de redes sociales para dar a conocer tu canal

Aprovecha para promocionar tus contenidos en los otros canales de redes sociales que utilizas cuando publiques un nuevo vídeo y anima a la gente a suscribirse. Se basa en la idea de que si alguien te sigue en una plataforma y disfruta de tus publicaciones, es posible que te siga en otra, en este caso, YouTube. Un excelente ejemplo de ello es The Buttery Bros, un canal de YouTube que veo a menudo. Estos creadores de contenidos se especializan en el fitness, especialmente en los atletas que compiten en los Juegos de CrossFit. Publican en Instagram cada vez que sale un nuevo episodio, como se muestra en el ejemplo siguiente. Con una imagen fascinante y un poco de información sobre el episodio, el pasado informa a la audiencia de Instagram de que se ha publicado un nuevo episodio en YouTube. El arte de esta publicación es similar a la miniatura de YouTube que utilizan, yendo más allá para transmitir una sensación subconsciente de reconocimiento de marca.

11. Comparta en qué está trabajando ahora.

Si pensamos en la televisión convencional, una forma de atraer a los espectadores para que vean su programa favorito la semana siguiente era darles un adelanto de lo que iba a ocurrir. Por ejemplo, Juego de Tronos era famosa por emplear música premonitoria y cortes rápidos para captar al espectador y despertar su interés por el siguiente episodio. Tu contenido en YouTube tiene el potencial de suscitar el mismo nivel de interés.

Si quieres que la gente se suscriba, compartir lo que estás preparando es un método excelente para mostrarles lo que obtendrán si lo hacen. Puede ser un método estupendo para instar a su público a permanecer atento a su próximo viaje si está desarrollando una serie de instrucciones, por ejemplo. Es mucho más probable que la gente reconozca el valor de suscribirse si les dejas con ganas de más y les das una idea de lo que va a pasar.

12. Cuente una historia.

Hay una razón por la que la narración de historias ha perdurado durante milenios. Aunque el medio ha cambiado, la fórmula sigue siendo la misma. Los espectadores quieren ser educados y divertidos al mismo tiempo. Quieren saber que entiendes lo que están viviendo y que te puedes relacionar con ellos. La gente se siente atraída por las historias cuando se reconoce en ellas.

Rhodes es reconocido como un experto en su profesión y como un ser humano real con el que la gente puede identificarse y al que puede apoyar, gracias a que se concentra en contar historias reales sobre la agricultura doméstica e incluye historias sobre su familia. Piensa en la narrativa que quieres contar con tu contenido. ¿Qué conocimientos tienes que puedes compartir con el resto del mundo? ¿Es posible redactar las cosas de manera que cuenten una historia y al mismo tiempo establezcan confianza? Cuando se trata de entender el mundo y transmitir nuestras experiencias, hemos estado contando historias desde el principio de los tiempos. Si estás leyendo esto y no crees que tienes una narración convincente que contar, échale un vistazo. Con miles de millones de visitantes mensuales en YouTube, hay un gran potencial de que tu relato resuene con personas que podrían convertirse en tu base de suscriptores.

Los suscriptores añaden valor a su canal.

En pocas palabras, tus suscriptores de YouTube no son sólo tus fans más acérrimos, sino que también son los primeros en ver un nuevo vídeo cuando se publica, los primeros en interactuar con él; también son los más entusiastas a la hora de recomendarlo a otras personas que comparten sus pasiones. Aumentar el número de suscriptores de YouTube es esencial para establecer el éxito en la plataforma, centrándose en la construcción de la comunidad. Hay varios hitos de suscriptores que debes cumplir para progresar en tu carrera en YouTube. El número de suscriptores aumentará rápidamente si te concentras en producir contenido valioso y entretenido para una audiencia específica, pero no dudes en experimentar con nuevas ideas. Nunca se sabe lo que va a resonar en la audiencia si no se prueba. Y si algo no funciona, tu canal aún no está acabado.

Capítulo no. 4

Las estrellas de YouTube son más influyentes

que otras celebridades tradicionales.

Los productores de YouTube son más influyentes que las celebridades tradicionales entre los millennials que pasan mucho tiempo viendo vídeos en Internet. Aquí comparamos y contrastamos la influencia de las personalidades de YouTube con la de la televisión, el cine, los deportes, la música y otras celebridades. Durante muchas décadas, la televisión fue la principal fuente de noticias y entretenimiento. También fue la forma en que se abordaron para la comercialización. Casi todos los anuncios incluían a una celebridad que avalaba la superioridad de un producto o servicio concreto. Esto sigue siendo cierto en cierta medida ahora. Neil Patrick Harris aparece en los anuncios de la cerveza Heineken, y hay un montón de famosos en los anuncios de la Super Bowl. Sin embargo, el auge de las redes sociales, la disminución de la popularidad de la televisión y la aversión de la gente a la publicidad han llevado a una redefinición del término "celebridad". La gente de a pie es ahora la que establece las tendencias y da forma a la opinión pública, y lo hace en YouTube. En 2015, los millennials eran el grupo demográfico de consumidores más importante, con 1,3 billones de dólares de poder adquisitivo.

Los millennials son un objetivo popular para los profesionales del marketing, pero rara vez ven la televisión y no les interesa lo que dicen los famosos sobre los productos o servicios. Son los que más confían en sus tribus de las redes sociales y en la orientación de sus compañeros. En una encuesta de Defy Media, el 63% de los encuestados de entre 13 y 24 años dijo que probaría una marca o un producto aconsejado por un creador de vídeos de YouTube, frente a sólo el 48% que dijo lo mismo de una celebridad del cine o la televisión. Las empresas están tomando nota y recurren a gente corriente en lugar de a famosos para llegar a los millennials. Sorprendentemente, la influencia de las estrellas de YouTube en los más jóvenes va más allá de la compra.

En 2014, Variety encargó una encuesta a jóvenes de 13 a 18 años en Estados Unidos para descubrir las personas más influyentes en sus vidas. Se les pidió que clasificaran a 20 personas conocidas en función de su cercanía, autenticidad y otros factores que los encuestados consideraban partes esenciales de su influencia general. Los populares YouTubers dominaron los cinco primeros puestos de la lista final, mientras que celebridades consolidadas como Jennifer Lawrence y Katy Perry se conformaron con clasificaciones más bajas. La revista volvió a encargar esta investigación en 2015. Los resultados, sin embargo, se han mantenido constantes, con personalidades famosas de YouTube ocupando los seis primeros puestos. Entonces, ¿por qué las personalidades de YouTube tienen una influencia más significativa en los millennials y los adolescentes que las celebridades establecidas?

1. Las estrellas de YouTube son mejores para desarrollar relaciones.

La gente no se relaciona con las celebridades tradicionales, ya que parece que actúan según sus métodos de relaciones públicas y no según su libre albedrío. A veces es difícil saber dónde termina una imagen bellamente preparada y dónde empieza la persona natural. La inautenticidad es algo que los millennials aborrecen. En cambio, las estrellas de YouTube conectan mejor con la gente al ser amables y crear encuentros íntimos con sus espectadores. No tienen miedo de ser chiflados, hilarantes, extraños o de hablar de temas delicados y personales como el sexo, el divorcio, el abuso doméstico o el racismo. Según un estudio encargado por Google, el 40% de los usuarios millennials de YouTube creen que sus creadores de vídeo favoritos les conocen mejor que sus amigos, y el 70% de los adolescentes creen que pueden relacionarse con ellos mejor que con las celebridades tradicionales.

2. Las estrellas de YouTube impulsan un mayor compromiso.

Es difícil imaginarse que se puede contactar con los famosos tradicionales y obtener una respuesta personal (en lugar de una proporcionada por un representante contratado). En cambio, las estrellas de YouTube responden a los comentarios con rapidez, son accesibles en las redes sociales y celebran frecuentes sesiones de preguntas y respuestas con su público, en las que ninguna pregunta está prohibida. Según las mismas estadísticas de Google, la relación de los creadores de contenidos de YouTube con su base de fans conduce a un mayor compromiso. Los vídeos generados por las 25 principales estrellas de YouTube reciben tres veces más visitas, 12 veces más comentarios y dos veces más acciones que los vídeos creados por las principales celebridades (pulgares hacia arriba, acciones, clics, etc..).

3. Las personalidades de YouTube marcan tendencias y dan forma a la cultura pop.

Los youtubers, según la mayoría de los millennials, marcan ahora más tendencias que las superestrellas tradicionales. El 70% de los suscriptores de YouTube creen que las personalidades de YouTube influyen y dan forma a la cultura pop, y el 60% de ellos dicen que preferirían comprar cualquier cosa basándose en la recomendación de una estrella de YouTube antes que en la de una estrella de televisión o cine. Además, varios adolescentes que ven regularmente YouTube admitieron en un estudio realizado por la Universidad de Twente que les interesa "lo que los YouTubers mayores tienen que decir sobre las cosas" porque les ayuda a formar sus propias opiniones y visión del mundo sobre temas específicos como el diseño, la belleza, los juegos, las relaciones y la gestión de conflictos. Las generaciones mayores, que están menos expuestas a la cultura de YouTube y prefieren los medios de comunicación tradicionales, como la televisión y los periódicos, en los que las celebridades tradicionales siguen dando forma al debate, pueden sentirse desanimadas por el impacto de las personalidades de YouTube. Sin embargo, entre los millennials está en su punto más alto.

4. Las estrellas de YouTube son maestros en la construcción de marcas.

Cuando no estás cerca de otras personas, tu marca es tu imagen, tu percepción y tu historia. Cuando no estamos presentes, el productor de cualquier forma de contenido online vive de los buenos comentarios. No les importa si la iluminación es pobre o si se pone más énfasis en la cantidad que en la calidad. Lo que cuenta es la charla.

Si has creado un rumor, significa que has despertado el interés de tu público. Se puede ganar dinero con las promos y los anuncios gracias a la facilidad de la velocidad, la novedad y la tecnología. Los productores pueden entonces reinvertir sus beneficios en el canal actualizando sus equipos o asociándose con especialistas superiores para mejorar la experiencia general. Amplifica la dirección de su audiencia y puede dar lugar a un aumento del tráfico. La ventaja sobre las estrellas tradicionales es que su marca no está asociada a la posesión más frecuente de un Millennial: un smartphone. Los anuncios, los patrocinios y el etiquetado son fundamentales para sus empresas. Por supuesto, tienen una cara, un nombre y un cuerpo. Para los Millennials, estas son áreas prohibidas. Es una batalla única. Es como luchar con un lanzallamas en una pelea de palos.

5. Las estrellas de YouTube son pioneras.

Se espera que el 70% de las estrellas de YouTube marquen tendencias e influyan en la cultura pop o en las compras de los millennials. Esta verdad puede quedar en entredicho en el futuro si los mejores motores de búsqueda sustituyen a las televisiones y los periódicos. Sin embargo, con los Millennials está en el camino correcto.

Por qué las estrellas de YouTube son más influyentes que las celebridades tradicionales.

Estás en una cafetería y dos de tus compañeros están sentados frente a ti. A está a la derecha. A te habla de su día, te pregunta por el tuyo, y parece estar interesado y atento. Bis está a la izquierda. B no te habla ni interactúa contigo de ninguna manera mientras está físicamente presente contigo. Cuando intentas captar su atención, a pesar de esto, B te dice lo mucho que te quiere y aprecia de vez en cuando, aunque te esté ignorando. ¿Con quién prefieres pasar el tiempo? En julio de 2016, Celie O'Neil-Hart, directora de marketing de contenidos, y Howard Blumenstein, director de marketing de productos, publicaron un artículo sobre por qué los famosos de YouTube son más influyentes que los famosos tradicionales (Why YouTube Stars Are More Influential Than Traditional Celebrities). Las estrellas de YouTube están representadas por A en la comparación anterior, mientras que las celebridades tradicionales están representadas por B. La explicación fundamental de las disparidades es el uso que cada uno hace de su celebridad particular en términos de imagen y conexión con sus seguidores.

Las superestrellas tradicionales adquieren notoriedad por ser "imposibles de alcanzar". No se puede tener su ropa elegante, ni su dinero, ni su belleza, ni su talento ni, sobre todo, su poder. El éxito de estas superestrellas se basa en un público que aspira a tener lo que ellas tienen, algo que casi seguro nunca conseguirán. Los fans están totalmente desconectados de la vida de estas celebridades, a pesar de su admiración por ellas. Los famosos de YouTube, en cambio, aparecen como conocidos admirables pero accesibles. Los creadores de YouTube se benefician de una plataforma de vídeo que les permite interactuar directamente con su público. Tanto si sus vídeos son breves como largos, su objetivo principal es desarrollar un vínculo estrecho con sus espectadores. Los YouTubers aprovechan la capacidad de la plataforma para hablar directamente con el público y mantener una imagen positiva. No sólo hacen alarde de su personalidad, sino que también demuestran lo orgullosos que están de las pequeñas rarezas que les diferencian del resto del mundo. Los famosos, en el sentido tradicional, desean parecer impecables. Los YouTubers se esfuerzan por parecer perfectos en sus defectos.

Los espectadores confían en los YouTubers populares para obtener consejos de vida, de estilo y de todo lo demás debido a su aparente honestidad. La autenticidad de las personalidades de YouTube está de su lado. Tienen total discreción sobre lo que publican y cuándo lo publican, sin necesidad aparente de aprobación externa. Cuando dicen algo, son ellos, no un relaciones públicas o un paparazzi, quienes lo dicen. 7 de cada 10 suscriptores de YouTube creen que los creadores de YouTube influyen y dan forma a la cultura, y 6 de cada 10 preferirían escuchar las recomendaciones de su creador favorito sobre qué comprar que las de su estrella de cine o televisión favorita (O'Neil-Hart & Blumenstein, Why YouTube). Esto no quiere decir que haya que evitar a los famosos tradicionales, sino que deberíamos tomarnos más en serio a YouTube y otras plataformas de influencers populares. Zoella, una destacada gurú de la belleza con 11 millones de seguidores, publicó el 6 de marzo de 2016 un vídeo titulado "Los favoritos de febrero de 2016", en el que se limitaba a enumerar y detallar los productos que había disfrutado en febrero. Entre los productos que enumeró se encuentran el diario Knock Dream, el champú y acondicionador Divines Ol y la novela de Sophie Kinsella "Finding Audrey". Las búsquedas en Google de estos productos en concreto aumentaron a los pocos minutos de subir este vídeo, y el Knock Dream Journal no tardó en agotarse. La autenticidad no siempre vende, pero sí lo hace en YouTube.

Capítulo no.5

Más visitas en YouTube de forma gratuita.

La respuesta es sí. Cuando se trata de publicitar, iluminar y entretener al público, YouTube es el segundo en popularidad después de Google. Más de 22.000 millones de personas visitan YouTube cada mes, con un tiempo medio de sesión de unos 40 minutos. Mucha gente utiliza YouTube. De la misma manera que los individuos han empezado a pagar dinero para anunciar sus vídeos en YouTube, la gente ha empezado a pagar dinero para tener más vistas en sus vídeos de YouTube. La gente compra visitas en YouTube con la esperanza de engañar a los algoritmos de YouTube o de convencer a los espectadores de que, como muchos otros han visto su vídeo, ellos también deberían hacerlo. Hay un par de problemas con esta estrategia:

- La capacidad de detección de bots de YouTube mejora constantemente.
- En lugar de contar las visualizaciones, los algoritmos se centran en la actividad de los usuarios.
- Puede ser costoso.

Aumentar las visualizaciones de YouTube de forma gratuita conlleva trabajo, pero si lo haces correctamente, te verás recompensado con más visualizaciones y una experiencia de usuario mejorada, así como con la posibilidad de ampliar tus contenidos. La red tiene el poder de llegar a miles de millones de personas, tanto si compartes recetas de cocina como si enseñas a hacer origami a la gente o te burlas de los presidentes. Entonces, ¿cómo puedes aumentar las visitas a YouTube y atraer a más personas para que vean tus vídeos? Aquí tienes 30 sugerencias que te ayudarán a conseguirlo.

Obtenga vistas de los resultados de búsqueda orgánica de YouTube.

YouTube utiliza sus algoritmos para presentar los mejores y más relevantes vídeos a los consumidores, de forma similar a los algoritmos de resultados de búsqueda de Google. Piensa en lo que pasaría si a una persona ciega se le diera la responsabilidad de clasificar los contenidos y decidir cuáles son los mejores. ¿Parece difícil? Afortunadamente, el algoritmo de YouTube tiene en cuenta una gran variedad de factores a la hora de determinar qué vídeos son los mejores y deben aparecer en la parte superior de sus resultados de búsqueda.

- **Utilice títulos descriptivos y ricos en palabras clave.**

La investigación de palabras clave puede ser útil en este caso. Además de proporcionar palabras clave para el algoritmo, un título bien escrito y convincente atrae a los espectadores y los educa sobre el contenido del vídeo. Puede utilizar métodos de SEO probados, como un planificador de palabras clave u otras herramientas de búsqueda de palabras clave.

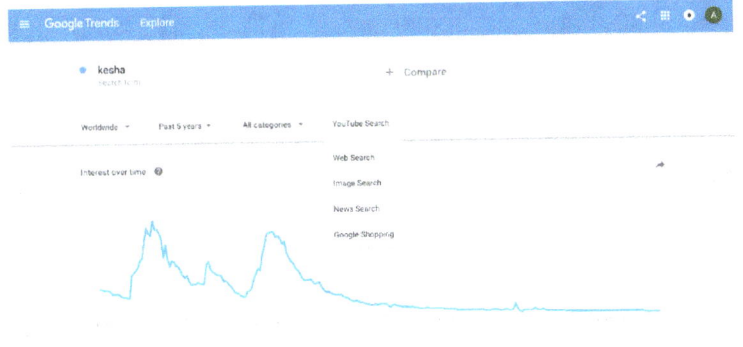

Ve al planificador de palabras clave y selecciona la búsqueda en YouTube en el extremo derecho para ver la popularidad de una palabra clave en YouTube. Al indicar a los consumidores y a los motores de búsqueda de qué trata tu vídeo, la optimización del contenido de tu vídeo para las palabras clave correctas te ayudará a ganar visitas orgánicas.

- **Tener descripciones de calidad y ricas en palabras clave.**

Al describir el vídeo, puedes informar mejor a los motores de búsqueda y a los espectadores sobre tu vídeo. El porcentaje de clics en el vídeo y, por tanto, el número de visualizaciones aumentará, ya que los usuarios sabrán lo que pueden esperar. Intenta destacar sin dejar de ser general; quieres despertar la curiosidad de la gente mientras intentas posicionarte para las palabras clave de cola corta. Utiliza tus descripciones para atraer a la gente por encima del pliegue y optimízalas para el motor de búsqueda de YouTube como lo harías con una meta descripción de SEO convencional.

- **Utilizar etiquetas.**

Las etiquetas de vídeo en YouTube ayudan a los espectadores y al sistema a entender de qué trata tu vídeo y qué pueden esperar ver cuando lo vean. Incluirlas, junto con la descripción y el título de tu película, debería expresar su esencia. Revalorizar el valor del SEO de cola larga.

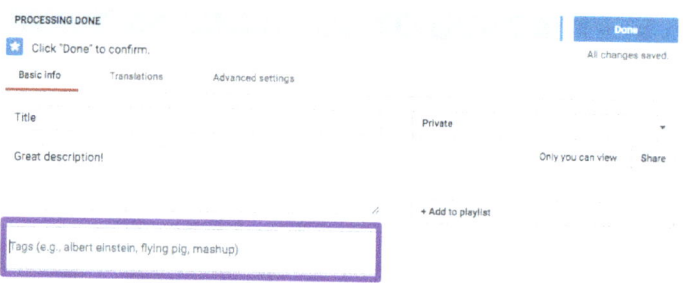

Si necesita ayuda con las palabras clave, utilice el planificador de palabras clave, como se ha indicado anteriormente.

- **Optimice su imagen en miniatura.**

Ya sea en la página de resultados orgánicos, en el área de vídeos sugeridos o en las redes sociales, tu imagen en miniatura, como imagen principal, puede hacer maravillas para aumentar tus visualizaciones en YouTube. Utiliza gráficos de alta resolución con tipos de letra legibles y emocionantes, así como primeros planos faciales si tu vídeo los incluye.

Para aumentar las visualizaciones de tu vídeo, haz que tu miniatura coincida visualmente con tu título y descripción.

- **Crear transcripciones de sus vídeos.**

La capacidad de los subtítulos o transcripciones de tus vídeos para mejorar tu puntuación en YouTube ha sido objeto de un intenso debate. Por otra parte, los subtítulos pueden ayudar a aumentar las visualizaciones de YouTube al atender al público internacional y a los discapacitados. Una buena clasificación en los resultados orgánicos de YouTube puede aumentar drásticamente las visitas y proporcionar una fuente de tráfico a largo plazo. La compra de visualizaciones en YouTube puede proporcionar un aumento inmediato de las mismas. Sin embargo, no es una solución adecuada a largo plazo porque los algoritmos de YouTube consideran que el análisis del comportamiento es una consideración más importante para la clasificación.

Aumente las visitas con su contenido de vídeo.

El aspecto más crucial a la hora de determinar cuántas visitas recibirá tu vídeo es el contenido. Un buen contenido conducirá a un mejor análisis del comportamiento, reconocido por el algoritmo de YouTube, que recompensará su vídeo con una mayor clasificación en las búsquedas orgánicas.

- **Contenidos que educan, entretienen o ambos.**

Ya sea para enseñar a la gente cómo hacer o comprender algo o simplemente para mantenerla ocupada y entretenida, tu contenido de vídeo debe aportar valor a la audiencia. Cuando los usuarios encuentren tu contenido útil, volverán a por más, aumentando el número de visualizaciones de tus futuros contenidos de vídeo.

- **Aprovechar las tendencias virales.**

Haz contenidos de vídeo que aprovechen las tendencias virales ya populares. Debes aprovechar el deseo inherente del mercado de examinar el material en el contexto de un fenómeno viral. Todos los vídeos de YouTube creados en respuesta al desastre de relaciones públicas de United Airlines son un buen.

No siempre es fácil o viable relacionar tu material de vídeo con los acontecimientos actuales; sin embargo, si consigues encontrar una forma inteligente de hacerlo, podrás aumentar tus visualizaciones en YouTube con el apoyo de una audiencia hambrienta y ávida de más contenido contextual de tendencia.

- **Utilizar YouTubers invitados.**

Los YouTubers invitados, los influenciadores de la industria o las personas de importancia con sus seguidores pueden hacer maravillas para aumentar sus vistas, similar a la publicación de invitados para los artículos del blog. Los YouTubers invitados pueden tentar a tus consumidores con nombres conocidos de la industria y aportar una perspectiva distinta y única al área de tu negocio, similar al marketing de influenciadores. Puedes establecer una relación mutuamente beneficiosa incluyendo enlaces a una de sus películas o sitios web en tu descripción.

Generación de visitas desde la plataforma YouTube.

El objetivo de YouTube es mantener a los usuarios en la plataforma. Las personas que ven las películas generan muchos ingresos para estas empresas a través de la publicidad. Por ello, hay varias formas de mantenerse activo en la plataforma para aumentar el número de suscriptores y las visualizaciones de los vídeos.

- **Cree contenidos de vídeo que imiten a los mejores.**

"Los buenos artistas toman prestado, los grandes artistas roban", decía Picasso. Aunque nunca abogaría por copiar de ninguna manera, el argumento de Picasso sobre el éxito de los vídeos de YouTube es totalmente cierto. El área de vídeos sugeridos, que se muestra en la barra lateral y en una cuadrícula una vez que se ha completado un vídeo, podría ser una mina de oro para aumentar tus visitas.

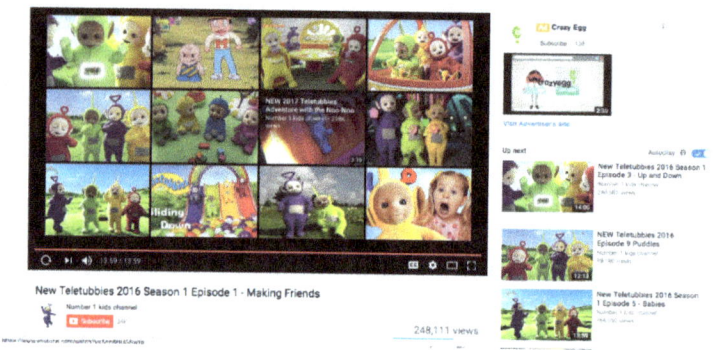

El vídeo que acaba de ver un usuario puede tener menos que ver con la consulta inicial que introdujo y más con la relevancia del vídeo que acaba de ver. Esto es similar a cómo funcionan los algoritmos de YouTube para los resultados orgánicos. Como resultado, el contenido que se muestra al final de un vídeo visto será comparable a lo que se acaba de ver. Si haces que tu vídeo sea relevante para otros vídeos populares, puedes mejorar el número de personas que ven tu canal de YouTube y tu vídeo. Puedes utilizar palabras clave y descripciones similares para crear contenido de vídeo que cubra el mismo tema en un tono más atractivo o con más información proporcionada de forma más fácil de entender.

- **Utilizar las tarjetas.**

Puedes utilizar estas funciones de optimización de YouTube para promover contenido adicional en tu vídeo. Puede utilizar tarjetas para:

- promover otro contenido de vídeo
- aumentar los suscriptores del canal
- donar a organizaciones sin ánimo de lucro
- atraer tráfico a su sitio web: anime a los visitantes a participar en una encuesta.

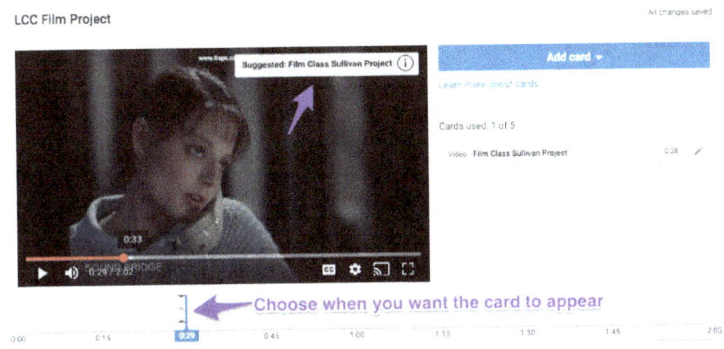

Si quieres aumentar el número de visualizaciones de tus vídeos, debes utilizar estas tarjetas para instar a la gente a ver tus contenidos menos populares y a suscribirse a tu canal. Utiliza tus análisis de comportamiento para determinar cuándo los usuarios dejan de ver tu vídeo y luego utiliza la tarjeta para asegurarte de que más personas lo vean.

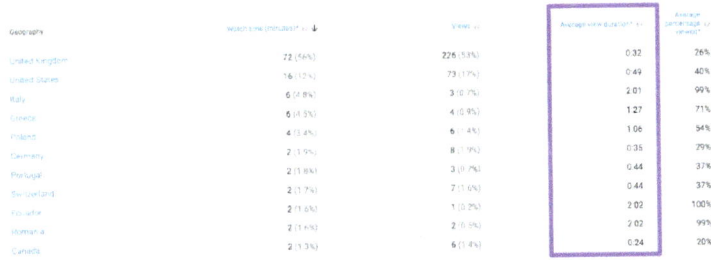

Las analíticas de comportamiento de YouTube te ofrecen un montón de datos y estadísticas valiosas que te ayudarán a tomar mejores decisiones para conseguir más visitas en tus vídeos.

- **Crear pantallas finales.**

Las pantallas finales tienen la capacidad distintiva de hacer un poco de todo después de su película. Es una oportunidad para compartir toda la información necesaria sobre tu canal, otras listas de reproducción, vídeos recomendados y tu sitio web verificado para los usuarios que aprecian tu material. Ambas herramientas de optimización mejoran directa o indirectamente tus visualizaciones en YouTube, ya sea para ganar más suscriptores o para enlazar con tus otros vídeos. Ve a tu Gestor de vídeos, edita el vídeo al que quieras añadir pantallas finales y selecciona Pantallas finales y anotaciones. A partir de ahí podrás añadir las demás funciones. Las pantallas finales son un método excelente para promocionar tu material antes de que los algoritmos de YouTube alejen a los visitantes de tu canal y tus vídeos recomendando otros vídeos populares.

- **Promover un vídeo de marquesina.**

Tener un vídeo destacado en YouTube puede ayudar a promocionar tus otros vídeos, así como tu canal de YouTube. Un excelente marcador es tener al menos 5.000 visitas en su vídeo para que aparezca en más resultados de búsqueda debido a su popularidad ya establecida. Como se ha comentado anteriormente, puedes crear tarjetas, pantallas finales y otros enlaces a tu otro material de vídeo dentro de tu vídeo marquee. Tus vídeos marquee, de forma similar a los enlaces internos de los sitios web, pueden ayudar a dirigir el tráfico y las visitas a tus vídeos menos conocidos y a tu canal en general.

- **Utilice la reproducción automática para sus vídeos incrustados.**

Cuando se incrusta un vídeo, la reproducción automática comenzará a reproducirlo automáticamente. Debe tener cuidado al hacerlo, ya que la reproducción automática de películas puede irritar a algunas personas. Si el material de vídeo es instructivo, puede ser una buena idea utilizarlo porque los espectadores pueden ir directamente al vídeo que explica cómo realizar algo. También puede configurar una lista de reproducción para que se reproduzca incrustándola mediante el mismo código automáticamente.

- **Crear listas de reproducción.**

Haga listas de reproducción para sus vídeos, de modo que los visitantes puedan verlos en orden. Una vez que el primer vídeo haya terminado de reproducirse, tus otros vídeos comenzarán a reproducirse automáticamente, lo que se traduce en más visitas para cada vídeo reproducido sin que el espectador tenga que abandonar el reproductor. Para aumentar las visualizaciones totales de cada lista de reproducción, puedes incrustarla, subirla a tu canal o hacer que los usuarios la compartan. Haz que cada una sea única, y el orden de reproducción debe darles fluidez y relevancia. Son ideales para contenidos informativos o divertidos que cuenten una historia o profundicen en cómo varias partes forman un conjunto completo.

- **Esté presente en su comunidad especializada.**

Ser parte activa de tu grupo especializado es una cosa, pero promocionarse como experto en tus películas es otra. Comenta otros vídeos y ofrece consejos o comentarios, y si hay vídeos a los que les falta alguna información esencial, enlázalos a tu contenido para proporcionarles más detalles. Si intentas ser lo más útil posible, serás recompensado con usuarios adicionales, lo que te ayudará a hacer crecer tu base de suscripciones y, en última instancia, las visualizaciones de tus vídeos.

Impulsores de vistas fuera de la página.

YouTube es único en el sentido de que puede encontrarse en una variedad de plataformas de medios sociales. Con sólo unos pocos clics, puede incrustarse y difundirse, a veces de forma viral. He aquí algunas estrategias fuera de YouTube para aumentar las visualizaciones de su sitio web.

- **Aumente la clasificación SEO de su vídeo.**

El SEO tradicional también es una opción viable para aumentar las visualizaciones de YouTube, ya que los vídeos pueden superar al sitio web en el que aparecen en los motores de búsqueda. Los backlinks de las incrustaciones de vídeo se cuentan como backlinks, y en esta situación, los enlaces conducen al vídeo de YouTube, lo que aumenta su clasificación SEO. Con una buena clasificación en las SERP, puedes duplicar el tráfico a tu vídeo y duplicar el número de espectadores.

- **Publica enlaces a tus vídeos en tus perfiles.**

La promoción entre plataformas, especialmente en YouTube, puede ayudar a dirigir el tráfico a tu sitio web. Puedes llegar a toda tu audiencia y dirigirla a tu vídeo compartiendo enlaces en otros perfiles. Para aumentar las visitas, comparte el enlace como un post o inclúyelo en la descripción de tus perfiles. Además, al dirigir el tráfico a YouTube desde tus perfiles en las redes sociales, te ganarás el favor de los algoritmos al convertirte en la fuente de un gran número de inicios de sesión, que son sesiones que comienzan con vídeos específicos en la plataforma. Las sesiones que comienzan en tu vídeo demuestran que tu vídeo está llevando visitantes a YouTube, lo que se traduce en una mayor calificación orgánica y más apariciones en las secciones de visualización sugeridas.

- **Encuentre comunidades especializadas para compartir su vídeo.**

Puedes distribuir tu contenido de varias maneras. Diferentes subreddits de Reddit o Quora con temas relevantes para los intereses de tu vídeo y los espectadores a los que va dirigido son lugares excelentes para compartir tu material. También hay subreddits dedicados simplemente a compartir tu vídeo con los amantes de YouTube para aumentar sus visitas, como /r/GetMoreViewsYT. La gente publica vídeos en este subreddit y vota cuáles son los que más les gustan. A la semana siguiente, el ganador se pega en la parte superior del subreddit para que la gente lo visite y lo vea. StumbleUpon y Pinterest son otros dos sitios de marcadores sociales que puedes utilizar para promocionar tus películas.

- **Encuentre influyentes para promocionar su vídeo.**

El marketing de influencers se está convirtiendo rápidamente en un método para que las grandes organizaciones lleguen a sus consumidores objetivo. Tienen audiencias incorporadas que vuelven a compartir y promocionar sus contenidos, lo que da lugar a un aumento viral de las visualizaciones. Las redes sociales te ayudarán a encontrar personas influyentes en tu campo y a ponerte en contacto con ellas para promocionar tu contenido de vídeo. Dado que los espectadores ya siguen a estas personas influyentes y se comprometen con el contenido que dan regularmente, una sola compartición de tu vídeo puede dar lugar a muchas visualizaciones para tu vídeo y canal de YouTube.

- **Suscripción de vídeo incrustado.**

Si bien la inserción de su vídeo aumentará las visitas, incluir un botón de suscripción a su canal será increíblemente beneficioso a largo plazo. Los suscriptores representan casi la mitad de las visualizaciones de un vídeo; por lo tanto, ampliar tu base de suscriptores aumentará significativamente las visualizaciones del vídeo.

Sigue estas instrucciones de YouTube para instalar el widget de suscripción y utilizarlo en las páginas con tu vídeo incrustado.

- **Post sobre sorteos y promociones.**

Un sorteo excelente es algo que gusta a todo el mundo. Los usuarios serán dirigidos a la página de YouTube del vídeo si publicas una promoción, un sorteo o una rifa en las redes sociales. Indica a tus seguidores que el enlace para participar está en la descripción del vídeo. Aumentará las visitas.

Recuerde ser paciente.

Lleva tiempo conseguir muchas visitas en YouTube. La plataforma tiene su propio conjunto de controles y equilibrios para garantizar que el material de vídeo de alta calidad esté disponible para sus espectadores en todo momento. Construye una base de suscriptores activos, y ellos representarán la mayor parte de tus visualizaciones.

Capítulo no. 6

El impacto de YouTube en nuestra sociedad.

YouTube, un sitio web para compartir vídeos, tiene un impacto mucho más significativo en nuestra cultura de lo que podríamos imaginar. YouTube se creó el 14 de febrero de 2005, y desde entonces ha tenido un impacto significativo en nuestra sociedad. ¿Ve usted un vídeo de YouTube porque el título es relatable o porque es divertido? Probablemente esto último no es sorprendente, dado lo frecuente que es en nuestra sociedad divertirse compartiendo películas, imágenes u otras formas de medios de comunicación con amigos y familiares. Aunque algunos vídeos de YouTube se crean con fines de diversión, muchos de ellos contienen orientaciones para las personas que buscan ayuda con diversos tutoriales de belleza. Famosas gurús de la belleza, como Zoella, Bethany Mota, Rclbeauty101 y Meredith Foster, comparten rutinas, hauls, favoritos del mes, bricolaje, expectativas frente a la realidad, sugerencias de vestuario y tutoriales de maquillaje/pelo centrados en las adolescentes.

Los artistas y grupos que tienen una cuenta en YouTube, sobre todo en Vevo, desempeñan un papel esencial en la sociedad contemporánea al lanzar nuevos singles o álbumes en sus cuentas, adquiriendo seguidores y reputación. Los cantantes desconocidos suelen llamar la atención en YouTube lanzando interpretaciones de canciones populares, lo que genera comentarios y, tal vez, lleva a la exploración. Justin Bieber, Carly Rae Jepsen y Cody Simpson son tres cantantes que empezaron en YouTube y fueron descubiertos. Un cazatalentos descubrió a Justin Bieber y le organizó un encuentro con Usher. Justin Bieber apoyó el single de Carly Rae Jepsen "Call Me Maybe" tras tuitear a sus más de 18 millones de seguidores: "Call Me Maybe de Carly Rae Jepsen es la melodía más pegadiza que he escuchado nunca. Lol". Shawn Campbell, productor discográfico, descubrió a Cody Simpson cuando tenía 12 años y lo fichó para Atlantic Records. El impacto de YouTube en Estados Unidos ha permitido a los usuarios subir covers de canciones o contenido original a sus vídeos con la esperanza de que las empresas se fijen en ellos.

Muchos youtubers se han limitado a subir un vídeo a su canal sin tener en cuenta el número de visitas y suscriptores que recibirán. YouTube influye en Estados Unidos a través de la transmisión de las elecciones presidenciales, la política, los anuncios y la actualidad. Muchos YouTubers publican vídeos con miniaturas entretenidas y superfluas para atraer la atención de los espectadores, lo que lleva a una concepción errónea del vídeo real. El impacto de la difusión pública de vídeos sobre temas relacionados con la actualidad mundial, como tiroteos, debates y campañas políticas, en los espectadores puede ser favorable o perjudicial. Mientras que algunos espectadores reaccionarán positivamente a la noticia y apreciarán el tema del vídeo, otros reaccionarán negativamente haciendo comentarios superfluos y sin sentido, posiblemente dirigidos a las personas que aparecen en el vídeo, lo que acabará en una disputa cibernética. Algunos vídeos sobre campañas y debates políticos pueden resultar engañosos para los espectadores si el que los sube no presenta el tema completo y sólo defiende su lado, lo que da lugar a un vídeo parcial. Los vídeos tendenciosos demuestran el impacto nocivo de YouTube en nuestra sociedad al centrarse en lo que el público quiere ver en lugar de la cuestión más importante y apremiante. La influencia de YouTube en nuestra sociedad puede tener un impacto beneficioso o perjudicial debido a la variedad de los vídeos de YouTube. Muchos YouTubers publican vídeos en los que expresan sus opiniones sobre acontecimientos o temas de actualidad. Tanto si el tema es agradable como negativo, lo más probable es que los espectadores se sientan impactados si creen y están de acuerdo con el contenido del vídeo. Aunque algunos vídeos de YouTube no pretenden persuadir o entretener a los espectadores, la gran mayoría de ellos lo hacen.

El efecto excelente o perjudicial de YouTube:

Si estás leyendo esto, probablemente hayas pasado algún tiempo en YouTube. Desde vídeos de instrucciones hasta anuncios políticos, el sitio tiene casi todos los vídeos imaginables. Los diversos vídeos publicados en YouTube por varios grupos demuestran la influencia de YouTube en la comunicación. Por lo tanto, es fundamental considerar si la influencia mediática de YouTube sirve para el bien común u obstruye la capacidad de la sociedad para intercambiar información de inteligencia. Según un artículo de Helium.com, YouTube está a disposición de cualquier persona, lo que permite subir prácticamente cualquier cosa. Dependiendo de las circunstancias, la experiencia puede ser favorable o desfavorable. Por ejemplo, hay una gran variedad de anuncios políticos en YouTube que abordan preocupaciones actuales, lo que lleva a los espectadores a hacer sus comentarios y a encender un debate creativo que puede resultar desagradable. Por otro lado, estas preocupaciones no deberían disuadir a los usuarios de compartir en el sitio y de cómo se distribuye el material de vídeo a los espectadores.

Según el Centro de Investigación Periodística Pew, alrededor del 21% de los vídeos de YouTube están relacionados con la política de alguna manera. La política es un tema popular ya que permite el debate y la discusión. El concepto de comunicar lo que te interesa es novedoso y con el que mucha gente se siente identificada. Los usuarios también comparten lo que ven en YouTube, lo que da lugar a una mezcla de vídeos difundidos en varias plataformas de medios sociales. Con este enfoque, YouTube se considera un medio beneficioso para compartir ideas y crear comunidades online basadas en intereses comunes. Varias desventajas pueden llevar a algunas personas a reconsiderar la posibilidad de compartir con otros los vídeos que ven en YouTube. Sin embargo, un artículo de Teen Ink afirmaba que tanta libertad de expresión podría causar controversia, ya que algunas personas utilizarán las películas para protestar contra determinados grupos de personas. Se considera una consecuencia negativa porque puede dar lugar a violaciones de los derechos de autor y a la censura. Por ello, ha surgido un debate sobre cómo debe aplicarse el filtrado a determinadas películas en YouTube. Según una investigación publicada en el Journal of Electronic Publishing, los usuarios deben seguir compartiendo y distribuyendo contenidos de vídeo a pesar de estos problemas.

Los puntos de vista de cada uno pueden tener un impacto significativo en la forma de interpretar YouTube. Quienes perciben YouTube como una plataforma para compartir y ver una amplia gama de vídeos sobre diversos temas aprecian la influencia mediática que proporciona. Sin embargo, otras personas creen que YouTube debería estar regulado para proteger su integridad. Se trata simplemente de un pensamiento erróneo en la mente de quienes lo hacen; no es intrínsecamente dañino por naturaleza. Considera cómo la gente decide compartir lo que aprende o ve en YouTube para entender mejor cómo influye YouTube en los medios de comunicación.

Capítulo no.7

Promociona tu canal de YouTube para conseguir más visitas.

Si quieres que te vean en YouTube, debes utilizar tantas estrategias publicitarias como sea posible. A continuación repasaremos en profundidad cada una de estas estrategias para promocionar tu canal de YouTube y aumentar tu popularidad. Todas estas técnicas son válidas, tanto si estás empezando como si quieres que tus cifras aumenten aún más.

Aumente la eficacia de su estrategia en YouTube.

Para maximizar tus esfuerzos con estas guías, además de las 16 ideas que aparecen a continuación, asegúrate de estar al día en todo lo relacionado con YouTube:

- Crea un canal de YouTube para tu empresa y facilita su gestión y crecimiento.
- Para que tus vídeos destaquen y se encuentren fácilmente en YouTube, es esencial escribir descripciones convincentes.
- SEO para YouTube - Cómo clasificar mejor tus vídeos - En los últimos años, YouTube se ha convertido en uno de los motores de búsqueda más populares del mundo. Siguiendo estas reglas, puedes asegurarte de que estás satisfaciendo las necesidades de tu audiencia.

- Cómo aumentar las visualizaciones de YouTube utilizando hashtags - Asegúrate de entender cómo se utilizan los hashtags en YouTube para conseguir más visualizaciones.
- Cómo utilizar YouTube Analytics para mejorar el rendimiento de tus vídeos - Asegúrate de que todos tus esfuerzos tienen éxito, e identifica las áreas en las que puedes mejorar utilizando una buena analítica.

Consejos para promocionar tu canal de YouTube.

Cree títulos cautivadores e imprescindibles.

Cuando se trata de marketing en YouTube, la presentación lo es todo. En lo que respecta al éxito de tu vídeo, los títulos son esenciales. Tu material debe ser visto como "debe ser visto" o "meh". Tu título es lo primero que ve un lector, por lo que es vital captar su atención sin recurrir al clickbait. Desde el principio, el público quiere saber de qué trata su película. Sigue el ejemplo de BuzzFeed y What Culture, dos de los grandes nombres de YouTube. Los listados, los títulos basados en preguntas o las hipérboles son formas habituales de conseguir que más gente vea estas películas ("una locura", "...de todos los tiempos"). Uno de los mejores ejemplos de esto son los vídeos de entrenamiento de Athena X. La programación del canal se las arregla para incluir palabras clave relevantes en sus nombres al tiempo que parece conversacional. El mensaje aquí es que debes pensar en títulos atractivos en lugar de quedarte con el primer concepto que se te ocurra.

Según Tubular Insights, los nombres de los vídeos de YouTube deben tener entre 41 y 70 caracteres. Para un título atractivo, empresas como el analizador de titulares de CoSchedule sugieren una longitud de titular de 55 caracteres. Aunque la herramienta de CoSchedule no está diseñada exclusivamente para los títulos de los vídeos, es ideal para idear nombres atractivos para YouTube que ayuden a comercializar tu canal.

Haz que tus películas sean más visibles optimizándolas.

He aquí algunas ideas para reflexionar: El 70% de los 100 primeros resultados de búsqueda de Google incluyen vídeos de YouTube. Compruébelo usted mismo. Google devolverá cualquier cosa de YouTube para cualquier producto o consulta de "cómo hacerlo". El motor de búsqueda YouTube es el segundo más grande del mundo. Cuando se trata de buscar cosas y resolver problemas, la gente utiliza YouTube tanto como Google. Debes tratar tus vídeos de YouTube como cualquier otra pieza de contenido que tiene que ser optimizada para palabras clave o etiquetas. Varias prácticas recomendadas pueden aumentar sus posibilidades de obtener un buen posicionamiento en YouTube:

- Incluya siempre palabras clave relevantes en los títulos y las descripciones. Utilizando una herramienta como Keywordtool.io, puedes encontrar ideas de palabras clave.
- Para ayudar a YouTube a entender mejor de qué trata su vídeo, incluya las palabras clave de su objetivo en su vídeo. Brian Dean, de Backlink, lo recomienda.
- Para clasificar los vídeos en sus resultados de búsqueda, YouTube tiene en cuenta la interacción de los usuarios (como el número de "me gusta", "comentarios" y "visualizaciones").
- Para ayudar a YouTube a saber a quién deben presentarse tus películas, utiliza las categorías.
- Además de las categorías, puedes incluir etiquetas en tus vídeos para obtener más información sobre tu trabajo en YouTube. Añade todas las etiquetas que quieras siempre que no superes el número de etiquetas permitido.

No utilices palabras clave, al igual que no lo harías con el SEO de tu sitio web. Utiliza las palabras clave sólo cuando tengan sentido, no sólo para tenerlas.

Determine qué desea su público objetivo.

Cualquier tipo de material que publiques debe responder a las expectativas de tu público. Antes de producir una entrada de blog o filmar un vídeo, infórmese sobre su público objetivo y el tipo de contenido que le gusta.

Si estás empezando a publicitar tu canal de YouTube, echa un vistazo a tus competidores o a otros creadores de vídeos de tu sector. Fíjate en cuáles de sus vídeos consiguen la mayor atención y participación. Con esta información, podrás saber más sobre lo que le interesa a tu público. Si has publicado vídeos con anterioridad, otra opción es mirar tus analíticas de YouTube. YouTube proporciona datos demográficos precisos, geográficos, de interacción y otras estadísticas útiles para tu audiencia. Analiza cómo se comparan tus vídeos con otro material que hayas producido utilizando los informes de YouTube de Sprout Social.

Hazte miembro de la comunidad en YouTube.

Las personas en YouTube pueden interactuar creando perfiles, dando "me gusta" y dejando comentarios en los vídeos de los demás.

Según lo que hemos oído, es más bien "social."

Como hemos dicho antes, YouTube ve con buenos ojos cualquier indicador de interacción con la audiencia. Si no hay nada más, interactuar con tus suscriptores te ayudará a crear una conexión más fuerte con ellos. El tiempo que se tarda en dar un "me gusta" a un comentario es incluso más corto que el que se tarda en dar un "pin" a un comentario. Varios canales suelen responder a los comentarios de sus subidas más recientes, por ejemplo. El autor del canal suele ponerse en contacto con los seguidores para mostrar su agradecimiento y responder a sus dudas. Las respuestas y el compromiso con tus seguidores son los mismos en YouTube que en cualquier otro canal de redes sociales.

Haz que tus miniaturas sean únicas.

Utilizar miniaturas personalizadas para promocionar tu canal de YouTube es uno de los métodos más fáciles y eficaces. Piensa en tu título y en la miniatura como un atractivo golpe de efecto. La miniatura de cada vídeo en YouTube se genera automáticamente utilizando una captura de pantalla tomada del propio vídeo. Una imagen borrosa de usted ajustando la cámara o haciendo una transición es lo que suele captar.

No se ve mal?

Además de hacer que tus vídeos sean más atractivos visualmente, la creación de miniaturas indica profesionalidad. Aunque pueden ser complicadas en algunos casos, crear miniaturas sencillas es bastante aceptable. Es posible crear una plantilla con un tipo de letra y un estilo específicos para hacerla más uniforme y acorde con la marca. Una herramienta de creación de imágenes como Canva hace que esto sea aún más sencillo.

Promoción cruzada de tus propios vídeos de YouTube.

Es muy probable que escribas sobre las mismas cosas en YouTube. Es una buena idea hacer promoción cruzada de tus vídeos anteriores cuando tenga sentido hacerlo. Por ejemplo, puedes añadir enlaces en la descripción de un vídeo e instar a los espectadores a que lo vean como una llamada a la acción. Aunque la repentina eliminación de la herramienta de anotaciones de YouTube puede haber decepcionado a algunos, incluir un enlace en la descripción anima a los espectadores a ver los vídeos hasta el final sin hacer clic.

Resultados de búsqueda en Google a los que quieres dirigirte.

Como se ha dicho anteriormente, YouTube está machacando las cosas en lo que respecta al SEO. Aunque no deberías crear material únicamente para los motores de búsqueda y no para los humanos, deberías anunciar tu canal de YouTube teniendo en cuenta el SEO. Las páginas de resultados de los motores de búsqueda tienden a favorecer los vídeos de formato largo (de más de 10 minutos) y las evaluaciones de productos, así como las guías y los tutoriales (SERP). Si no tienes muchas ideas de vídeos, piensa en utilizar el marketing de tu canal de YouTube para aprovechar un término de tendencia en tu sector.

Organiza un concurso o un sorteo.

Los regalos son algo que los suscriptores de YouTube adoran. Si quieres que la gente se una a tu comunidad de YouTube, organiza un concurso o un regalo. Para facilitar los concursos a tu audiencia, pídeles que les guste tu vídeo, que dejen un comentario en él y que se suscriban a mi canal. Hemos elaborado una lista de prácticas recomendadas para todos los concursos en las redes sociales.

- Asegúrate de cumplir las normas de YouTube.
- Ofrece un regalo relevante para tu marca: quieres atraer a personas que no sólo buscan cosas gratis.

- Incorpora contenido generado por el usuario y otros requisitos de entrada no tradicionales para ser innovador.

La clave es limitar el número de concursos que hagas en YouTube. Tu tiempo, tu dinero y tus recursos se desperdiciarán si no sabes que lo que estás haciendo está funcionando. Una vez que hayas completado un concurso, echa un vistazo a tu tasa de abandono de suscriptores y a las estadísticas de participación. Si no estás atrayendo a suscriptores comprometidos, también podrías estar atrayendo a gente que busca cosas gratis.

- **Anime a otros a ver su programa.**

Crear una serie de vídeos sobre un tema común es una estrategia inteligente para promocionar tu canal de YouTube. Bon Appétit, un popular canal gastronómico con muchos seguidores en YouTube, cuenta con varias series, incluidos sus episodios recurrentes "Desde la cocina de prueba". Las series son una situación en la que ganan tanto los artistas como los fans. No tienes que romperte la cabeza con las ideas como creador, ya que te responsabilizas de crear nuevo material en YouTube. Como resultado, tus suscriptores tendrán una razón para volver a tu canal con regularidad.

- **Se pueden incrustar vídeos de YouTube.**

Algunos de los mejores lugares para promocionar tu canal de YouTube están fuera de YouTube. El contenido de vídeo, por ejemplo, ha demostrado mejorar las tasas de conversión y reducir las tasas de rebote. Añade un vídeo a una página de producto o a una entrada de blog para que los visitantes permanezcan más tiempo en la página y se interesen más por ella (como hicimos nosotros a continuación). Considera que cualquier oportunidad de dirigir a tus visitantes en el sitio (o en las redes sociales) a tu canal de YouTube es una victoria.

- **Para organizar tus vídeos de YouTube, haz listas de reproducción.**

La creación de vídeos adicionales hará más difícil que la gente encuentre lo que busca en tu canal. Por ello, las listas de reproducción son imprescindibles. Además de clasificar y promover el binge-watching en tu canal, las listas de reproducción también te ayudan a hacer un seguimiento de tu contenido. El canal de aseo de la marca Beard, por ejemplo, tiene cientos de clips que cubren una amplia variedad de temas y se actualiza regularmente. Los usuarios pueden acceder rápidamente al contenido relevante en las listas de reproducción del canal sin tener que buscarlo.

- **Las llamadas a la acción pueden ayudarle a conseguir que más personas actúen.**

Dado que el material de vídeo puede generar una conexión inmediata y personal con el espectador, a veces la mejor manera de conseguir que tus películas sean conocidas es pedir su participación. Como no todos los que aprecian uno de tus vídeos se acordarán de darle un "me gusta" o suscribirse a él, cada vez es más habitual incluir estos recordatorios en la descripción del vídeo o en el propio vídeo. No hay que avergonzarse de pedir explícitamente un poco de cariño, sobre todo si eres un canal nuevo. Un método excelente para mantener el debate es pedir a los visitantes que respondan a una pregunta en la zona de comentarios o que vean otro vídeo. Los enlaces a otros vídeos o a un sitio web externo pueden servir de llamada a la acción.

- **Pruebe la transmisión en directo.**

El vídeo en directo, una de las modas más populares de las redes sociales, ha llegado para quedarse. Con el auge de aplicaciones como Facebook, Periscope e Instagram, cada vez más empresas se suben al carro. Durante años, YouTube ha emitido vídeos en directo, pero solo últimamente ha adquirido popularidad. Explora los vídeos más populares de YouTube Live para saber cómo otras empresas utilizan la plataforma en su beneficio. Utilizando YouTube Live, he aquí algunos ejemplos:

- Seminarios en línea
- Tutoriales en directo
- Sesiones de preguntas y respuestas
- Demostraciones de productos.

No te preocupes si tus transmisiones no son tan fluidas como te gustaría. Nunca se sabe lo que va a pasar, lo cual es parte de la alegría (y el riesgo) del vídeo en directo. La calidad áspera y natural del vídeo en directo es precisamente lo que lo hace tan atractivo. Consulta la introducción de Google a la transmisión en directo para obtener más información sobre cómo empezar a utilizar YouTube Live.

Colaborar con otros artistas y empresas.

Algunas de las estrellas más exitosas de YouTube han hecho crecer su audiencia gracias a la colaboración con otros usuarios. Cada vez que colaboras con un nuevo compañero, conoces a gente nueva. Con la ayuda de un productor de contenidos conocido y de confianza, los nuevos espectadores estarán más dispuestos a suscribirse a tu canal. Cuando se trata de una asociación exitosa en YouTube, encontrar el socio adecuado es esencial para el éxito. Para que tu vídeo parezca auténtico, debes colaborar con productores de contenidos con los mismos intereses que tu organización. Un excelente ejemplo de cooperación creativa que no es abiertamente comercial es la relación entre BuzzFeed y Purina.

Por un cargo, haz una campaña de marketing en YouTube.

Con el aumento del marketing de pago en general, tienes la opción de comprar publicidad en YouTube para aumentar tu exposición. Hay varios tipos de anuncios disponibles en YouTube, incluyendo los siguientes:

- Anuncios en pantalla: Sólo disponibles en PC, estos anuncios aparecen en la barra lateral derecha de los vídeos.
- Los anuncios superpuestos son anuncios semitransparentes que aparecen en la parte inferior de un vídeo. Sólo están disponibles en la versión de escritorio.
- Antes, durante y después de un vídeo, verás anuncios en forma de vídeos saltables y no saltables. A diferencia de los anuncios no saltables, que deben verse en su totalidad, los anuncios saltables pueden saltarse después de sólo cinco segundos.
- Antes de que un usuario pueda ver un vídeo, debe ver un anuncio no saltable en la cortinilla. Normalmente, persisten durante unos seis segundos.
- Las tarjetas que aparecen en vídeos relevantes para el espectador se conocen como tarjetas patrocinadas. Utilizarlas para promocionar sus productos u otra información es una opción.
- Para cada campaña publicitaria, puede utilizar un vídeo existente o crear uno nuevo. Si utiliza un vídeo existente, puede elegir un clip que haya

tenido éxito en el pasado. Un vídeo orgánicamente popular puede beneficiarse de la publicidad de pago, siempre que tenga muchos seguidores.
- Un vídeo nuevo para sus anuncios le permite crear un producto más concentrado y personalizado. Por ejemplo, al crear la publicidad, puedes incluir un CTA personalizado al final que dirija a la gente a un sitio web o vídeo concreto. Aquí puedes saber más sobre los tipos de anuncios en vídeo de YouTube.

Comparte tus vídeos de YouTube en las redes sociales con regularidad.

No es ningún secreto que el contenido de vídeo domina las redes sociales en términos de participación y rendimiento. Si quieres que la gente siga tu canal de YouTube, tendrás que promocionarlo regularmente en las redes sociales. En cuanto un vídeo esté en línea, asegúrate de informar a tus seguidores de las redes sociales a través de Facebook, Twitter, Instagram y LinkedIn. Puedes crear una muestra o un clip de tu trabajo más reciente para cada red social. Sprout Social te permite planificar y promocionar de forma cruzada tus contenidos sin tener que cambiar de plataforma. Con la ayuda de Viral Post, por ejemplo, puedes garantizar que tu contenido se publique en el momento en que tus seguidores sociales estén más comprometidos. Hemos llegado al final de nuestro tutorial sobre cómo publicitar tu canal de YouTube!

- ¿Cómo promocionar tu canal de YouTube en Internet?
- Crear una audiencia en YouTube no es algo que ocurra por casualidad.

- Y, sí, si tu espacio está lleno de competidores, puede parecer un esfuerzo.

Siempre debes tener guardados muchos métodos publicitarios diferentes por si alguna vez necesitas utilizarlos. Aunque algunas de las ideas anteriores pueden requerir más tiempo y esfuerzo que otras, todas ellas te ayudarán a atraer más seguidores a tu canal de YouTube. Descarga nuestra hoja de trucos de vídeo en redes sociales para recibir ideas de vídeo en cada etapa del embudo de marketing si estás preparado para aumentar tu presencia en YouTube y empezar a ver resultados comerciales precisos.

Por qué usar YouTube?

Después de YouTube, Google es el motor de búsqueda más popular. YouTube publica más de 100 horas de material fresco cada minuto de cada día. Se puede llegar a una gran audiencia de forma rápida y sencilla utilizando esta estrategia, ya sea para hacer publicidad o para enseñar. Las siguientes son algunas de las razones por las que YouTube es tan popular:

Impulse su SEO.

El formato de contenido más popular es el vídeo, que se comparte con frecuencia en las redes sociales. Dado que Google y otros motores de búsqueda favorecen el vídeo, publicar un vídeo en YouTube con títulos, descripciones y etiquetas sólidas es un método estupendo para mejorar su clasificación en los motores de búsqueda.

Una marca que funciona.

El vídeo es una forma rápida y eficaz de transmitir su mensaje. La gente responde bien a las señales visuales, y el vídeo es una forma excelente de captar el estado de ánimo y las características físicas de lo que está vendiendo.

El espectáculo, no lo cuentes.

Los vídeos son un método excelente para demostrar cosas que son difíciles de transmitir con palabras. Demuestre a sus alumnos mediante grabaciones de capturas de pantalla, demostraciones en vivo o incluso un dibujo en la pizarra.

Aumente el número de personas que escuchan su mensaje.

Además de ser el sitio para compartir vídeos más popular del mundo, YouTube también tiene el mayor número de visualizaciones por usuario. Mira tus otros feeds de Facebook y Twitter y comprueba cuántos vídeos ves allí. ¿Con qué frecuencia recibes vídeos por correo electrónico de tus amigos y familiares? Un vídeo se puede compartir fácilmente en Internet.

No necesitas un gran presupuesto.

Si bien es cierto que contar con cierto tipo de vídeos realizados por expertos tiene sus ventajas, no todos los vídeos requieren un presupuesto de seis cifras. Puedes crear de forma rápida y eficaz vídeos atractivos de conferencias, presentaciones y mucho más con un equipo de vídeo mínimo.

Vídeo para móviles.

Con tantos estudiantes que poseen teléfonos inteligentes, el vídeo es una forma excelente de llegar a ellos. YouTube se adapta bien a los dispositivos móviles, y la gran mayoría de los estudiantes ya lo utilizan.

Conclusión:

YouTube es una plataforma de vídeo de Google fundada en 2005 por Steve Chen, Chad Hurley y Jawed Karim y adquirida por 1.600 millones de dólares por Google en 2006. El primer vídeo que se compartió fue "Me at the Zoo", de Jawed Karim, que tiene más de 82 millones de visitas. El sitio ha evolucionado mucho desde entonces, y sus estadísticas actuales son asombrosas.

YouTube en 2021, Después de Facebook, YouTube es la segunda red social más popular del mundo, con un 79% de usuarios de Internet que afirman tener una cuenta en YouTube. Cada mes, cerca de 2.000 millones de personas utilizan YouTube, con varios miles de millones de visualizaciones (más de 82.000 vídeos vistos en un segundo), el 70% de las cuales se realizan en dispositivos móviles. Cada día se añaden 720.000 horas de vídeo, es decir, 30.000 horas cada hora. La plataforma está disponible en más de 90 países y 80 idiomas, lo que la hace accesible al 95% de la población mundial de Internet. Debido a la gran audiencia de YouTube, el 62% de las empresas utilizan la plataforma para enviar vídeos y recibir más exposición. El 90% de los usuarios ha descubierto una nueva marca gracias a la plataforma, lo cual es significativo porque la exposición a los anuncios ha aumentado hasta el 95%.

Mucha gente se está iniciando en esta plataforma creando material original. Desde el año pasado, ha aumentado un 40% el número de canales que obtienen ingresos de seis cifras y un 75% el número de canales con más de un millón de miembros. Aunque no sepas manejar un ordenador, YouTube es fácil de usar. ¿Todavía tienes dudas sobre cómo utilizar esta plataforma de redes sociales? No te preocupes; un montón de tutoriales en línea te mostrarán cómo enviar un vídeo y mucho más. Con YouTube, puedes distribuir rápidamente una gran cantidad de información a un gran número de personas. También puedes utilizar el entretenimiento para transmitir información. Esto puede adoptar la forma de:

- Vídeos
- Música
- Sketch de comedia
- Vídeo de animación.

Ahora puedes enviar historias de YouTube, encuestas y publicar actualizaciones, al igual que en otras redes sociales como Instagram, lo que te ayudará a involucrar a tu audiencia de manera significativa. Por ejemplo, puedes realizar una encuesta para determinar qué tema querrían ver tus espectadores a continuación, lo que no sólo engancha a tu audiencia sino que también te permite saber qué quieren visitar de tu canal. Los backlinks de YouTube pueden ayudarte a mejorar tu SEO. Estos backlinks se pueden producir incluyendo un enlace a tu sitio web en tu página de perfil y en las descripciones de cada vídeo que subas a tu canal. Al mostrar el enlace de tu sitio web en varias partes de tu canal, darás a conocer tu sitio web y, como resultado, aumentarás el tráfico hacia él. Hoy en día, YouTube es una red social muy famosa. Es ideal para el uso personal, pero también puede desarrollar una marca para las empresas. Sus películas aparecerán no sólo en YouTube, sino también en otros motores de búsqueda como Google. ¿Estás pensando en utilizar YouTube con fines personales o profesionales? Sigue leyendo porque en este capítulo te explicaremos ambos puntos de vista. YouTube te permite subir y ver vídeos de forma gratuita. Te permite la libertad de probar cosas y ver si te funcionan sin preocuparte por los costes. YouTube Premium, por otro lado, fue introducido recientemente. YouTube Premium es una suscripción premium que te permite ver vídeos sin publicidad, reproducir vídeos en segundo plano y ver vídeos incluso cuando no estás conectado a Internet. También te permite ver programas y películas originales de YouTube y acceder a YouTube Music Premium (una plataforma de streaming).

En cuanto a la publicación de vídeos en tu cuenta de YouTube, no importa si tienes una cuenta Premium o una gratuita. YouTube es un lugar donde puedes ganar dinero por ver los vídeos de otras personas. Para generar dinero con tus vídeos, necesitarás una cuenta de Google AdSense. ¿Tienes una cuenta de Google AdSense, pero no sabes qué hacer con ella? Puedes registrar una nueva cuenta de Google AdSense si tienes un canal de YouTube. Hay varios métodos para generar dinero en YouTube además de Google AdSense. Se pueden utilizar las siguientes estrategias para lograr este objetivo:

- Enlaces de afiliación
- Patrocinios
- Mercancía y productos
- Vender productos digitales
- Ofrecer Servicios
- y mucho más.

Este libro forma parte de una colección en curso llamada "Social Media Influence."

1. Aumentar su influencia en las redes sociales en Facebook.
2. Aumentar su influencia en las redes sociales en YouTube.
3. Aumentar tu influencia en las redes sociales en WhatsApp.
4. Aumentar su influencia en las redes sociales en Instagram.
5. Aumentar tu influencia en las redes sociales en TikTok.
6. Aumentar tu influencia en las redes sociales en Snap Chat.
7. Aumentar tu influencia en las redes sociales en Reddit.
8. Aumentar tu influencia en las redes sociales en Pinterest.
9. Aumentar su influencia en las redes sociales en Twitter.
10. Aumentar su influencia en las redes sociales en LinkedIn.

Consulte en Amazon más libros de esta colección.

Biografía del autor

Aaron Cockman. A Aaron le gusta leer y aprender más sobre cómo ser rentable en las redes sociales, así que decidió escribir sobre algo que le apasiona. Más libros vendrán en esta colección, así que síguela en Amazon para más libros.

Gracias por su compra de este libro.

Honestamente lo aprecio y te aprecio a ti, mi excelente cliente.

Que Dios te bendiga.

Sherry Lee.

www.ingramcontent.com/pod-product-compliance
Lightning Source LLC
Chambersburg PA
CBHW070255220526
45465CB00004B/1629